좋은 운은
좋은 사람과
함께 온다

좋은 운은
좋은 사람과
함께 온다

정신과 의사가 알려주는 운이 좋은 사람들의 비밀

정신과 의사 **토미** 지음 | **안소현** 옮김

서삼독

—————

정신과 의사인 내가
'운'에 대해 고민한 이유

안녕하세요. 한국 독자들께 처음 인사를 드리네요. 저는 정신건강의학과 의사 토미입니다. 일본에서 아담한 클리닉을 운영하고 있습니다.

제게는 의사 외에 하나의 얼굴이 더 있습니다. 바로 글을 쓰는 사람인데요. 날마다 환자들을 진료하면서 그들에게 들려주는 이야기를 바탕으로 글을 쓰고, 이것을 책으로 만들어 세상에 전하고 있습니다.

지금 독자 여러분이 펼쳐 든 이 책은 '어떻게 하면 운이 좋아질까?'를 주제로 합니다. "정신과 의사가 운에 대해 얘기한다고?"라며 놀라실지도 모르겠습니다. '운'이라고는 하지만 사실 저는 점술도 풍수도 잘 모릅니다. 그렇다고 해서 영혼에 대해 얘기하려는 것도 아닙니다.

저를 찾아와 도움을 요청하는 환자들이 자주 하는 말이 있습니다.

"선생님, 저는 되는 일이 없어요."

"저는 왜 이렇게 운이 없을까요?"

"운 좋은 사람들은 따로 있나 봐요. 왜 하는 일마다 이 모양이죠?"

저는 15년간 15만 명 이상의 수많은 환자들을 만나 얘기를 듣는 과정에서 두 가지 질문을 자연스럽게 떠올렸습니다.

도대체 운이란 무엇일까?

운 좋은 사람이 정말로 따로 있는 걸까?

운명이란 게 있다, 없다는 제가 감히 논할 수 없는 영역입니다. 그럼에도 신기한 것은, 정신과 의사인 제가 보기에도 유난히 일이 잘 풀리는 사람은 분명 있더라는 것입니다.

오랜 고민 끝에 제가 내린 결론은 이렇습니다. 잘 풀리는 사람들에겐 공통점이 있습니다. 목표에 맞게, 또는 문제 해결에 적합한 방식으로 생각하고 행동한다는 사실입니다. 적절한 '생각과 행동'이라니 뻔해 보이고 고리타분해 보일지도 모릅니다. 하지만 제가 이런 결론에 이른 데는 이유가 있습니다.

기준 없이 하루하루를 살다 보면 생각이란 건 어느 때고 비뚤어지기 마련입니다. 그 결과 처음 의도에서 벗어나는 행동을 하게 되기도 하고요. 프랑스 시인 폴 발레리의 말처럼 "생각하지 않고 살면 사는 대로 생각하게 되는 법"이거든요.

아무 생각 없이 살다가 뜻대로 일이 되지 않으면 괴로워하고, 살기 힘들다고 투덜대게 되고, 그렇지 않나요? 저는 이런 경우를 너무 많이 봐왔고, 그런 사람들과 정말 많은 상담을 했습니다. 이럴 때 정신과 의사로서 저의 역할은 비뚤어진 생각을 바로잡아주고 스스로 행동을 교정하도록 이끄는 것입니다. 이것을 '인지행동요법'이라고 합니다.

지금부터 인지행동요법을 응용하여 여러분에게
운이 좋아지는 방법을 알려드리려 합니다.

사실 여러분이 "운이 좋아지고 싶어요"라고 말하는 건 걱정거리나 힘든 상황을 해결하고 싶다는 뜻이잖아요. 그런 점에서 '운이 좋아지고 싶은 것'과 '문제를 해결하고 싶은 것'은 결국 같습니다.

더 정확하게 말해서 사람들이 흔히 말하는 '운 좋은 사람'이란 '일이 술술 잘 풀리는 사람'이라고 생각합니다. 그런 관점에서 보면 운이 좋은 사람들의 비밀을 충분히 인지행동요법으로 풀어낼 수 있습니다. 그렇기에 제가 이 책을 쓴 것이기도 합니다.

아무리 운이 좋은 사람이라도 주사위 숫자가 무한히 연속해서 1이 나오는 일은 없습니다. 사소하게 '운이 좋다', '운이 나쁘다'는 있지만 차이가 그렇게 크지는 않습니다. 그렇지만 여러 번 시행착오를 거듭하면서 노력하다 보면, 일정 확률로 일이 잘돼가는 것을 느낄 수 있습니다. 결국 일이 잘되고 안되고는 노력의 결과라는 뜻입니다.

그런데 '안 될 거야'라는 사고에 빠져버리면 아무리 시행착오를 거듭해도 원하는 결과는 나오지 않습니다. 어찌 보면 대단히 상식적이고 당연한 이야기인데 사람들은 이 인과관계를 받아들이지 못합니다. 그저 운 탓으로 돌려버리고 말지요.

다시 말씀드리지만 저는 타고난 운이라는 게 있는지 없는지 잘 모릅니다. 하지만 수많은 환자를 상담해온 정신과 의사로서 확실하게 말씀드릴 수 있는 것은, 타고난 운이 아닌 우리의 노력으로 가능한 영역이 분명히 있다는 것입니다. 저는 바로 그 영역 안에서 '인생이 잘 풀리는 비밀'을 알려드리려 합니다.

저는 이 책을 읽고 여러분의 인생이 좋은 방향으로 바뀌기를 진심으로 바랍니다. 지금부터 제가 지켜본 '운 좋은 사람'들의 특징을 알려드릴 테니 자신의 삶에도 꼭 적용해보기를 바랍니다.

차례

3장 정신과 의사의 진단 2

: 부정적인 감정이 나쁜 운을 부른다

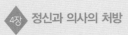 **4장** 정신과 의사의 처방 ─────────────

: 좋은 운은 좋은 사람과 함께 온다

1장

정신과 의사의 질문

운 좋은 사람은
따로 있는 걸까요?

운이란 무엇일까요?
이번 장에서는 정신과 의사의 입장에서
운이 무엇일까, 생각해보았습니다.

상담소를 찾는 사람들 중 많은 이들이
운에 대해 얘기합니다.
그리고 자신의 운을 탓합니다. 남의 운을 부러워합니다.
운이 좋은 사람은 정해져 있는 것 같다고 말합니다.

정말 그럴까요?
제 얘기를 한번 들어봐주세요.

잘되는 사람이
계속 잘되는 것처럼
보이는 이유

먼저 정신과 의사의 눈으로 바라본 '운'의 정체에 대해 살펴보겠습니다. 앞에서 말했지만 흔히 운이 좋은 사람이라 하면, 일이 술술 풀리는 사람을 말합니다. 자신이 바라는 대로 결과를 얻는 사람이라 할 수 있지요.

하지만 일반적으로 어떤 일은 똑같은 확률로 발생하기 마련입니다. 따라서 특정한 사람에게만 좋은 일이 생긴다는 건 있을 수 없습니다.

그런데 왜 특정한 사람에게만

좋은 일이 계속 생기는 것처럼 보일까요?

왜 잘되는 사람은

계속 잘되는 것처럼 보일까요?

　27세 취업준비생 A씨는 최근 사람들의 축하를 많이 받았다고 합니다. 그 어렵다는 취업에 성공했기 때문입니다.

　"다들 축하해주니 고맙긴 한데, 한편으론 기분이 안 좋아요."

　"왜 기분이 안 좋으신가요?"

　"축하한다는 말의 끝에 꼭 이런 말을 덧붙여요. '운이 좋았나 보네', '경쟁률 치열하던데 네가 무슨 수로 거길 들어간 거야?', '거기 윗사람 중에 아는 사람 있어?' 등등요. 정말 밤잠 줄여가며 애써서 취업에 성공한 건데, 그렇게 말하니 제 노력이 무시당하는 기분이 들더라고요."

　A씨는 취업 준비를 시작하면서부터는 하루 여섯 시간 이상 잔 적이 없다고 합니다. 서류 전형에 응시할 때도 회사 이름만

바꿔서 똑같은 이력서와 자기소개서를 돌리는 게 아니라, 각 회사에 맞게 프로필과 소개서를 다시 썼고요.

특히 이번에 합격한 회사는 오래전부터 입사하고 싶었던 곳이라, 최근 업계 동향과 신사업 현황을 면밀하게 조사해 영상 자료까지 만들어 제출했다고 합니다. 그만큼 절실했던 것이지요.

A씨는 절대 운이나 누군가의 덕을 보고 취업에 성공한 게 아닙니다. 목표가 분명했고, 목표를 성취하기 위한 '적절한 생각과 행동'을 취했습니다. 여기서 중요한 건 '적절한'입니다.

낚시할 때를 떠올려볼까요. 모든 물고기에 같은 미끼를 쓰지 않습니다. 어떤 물고기를 잡을 것인지에 따라 그 물고기가 좋아하는 미끼를 준비해야 합니다. 그리고 그물을 던졌을 때 물고기가 잘 잡히는 위치와 시간이 따로 있지요. 이런 것이 바로 '적절한'입니다. 적절한 생각과 행동을 실행하라는 말입니다.

늘 잘되는 사람은 생각과 행동이 남다릅니다. 정말입니다. 멀리서 부러워만 하지 말고 잘 지켜보세요. 어떤 일에서 성공하고 싶다면 성공 가능성이 있다고 긍정적으로 믿고 꾸준히 노력합니다. 아무것도 하지 않는 사람, 안 될 거라고 부정적으로 바라보고 행동하는 사람과 결과가 분명 다를 수밖에 없습니다.

"나는 운이 안 좋은데 저 사람은 항상 운이 좋아." 이렇게 자주 투덜대고 있다면 본인을 먼저 돌아보세요. 어떤 시각으로 세상을 보고 있는지를요. 그리고 어떤 노력을 해왔는지를요.

물론 긍정적으로 생각하고 열심히 실천한다고 해서 반드시 보상을 받는 것은 아닙니다. 그러나 그 반대를 생각해보세요. 부정적인 생각과 행동을 반복하는 사람이 보상을 받을 수 있을까요? 절대로 성공하지 못합니다. 그렇게 늘상 성공하지 못하니 자신은 운이 안 좋다고, 남 탓을 하며 고개를 젓고 마는 것이지요.

더군다나 세상을 살아가는 데에는 하나의 포인트만 있는 게 아닙니다. 자신의 인생을 더 나은 방향으로 이끌기 위한 포인트는 수없이 많습니다. 모든 포인트에서 나는 된다, 잘된다, 믿고 행동하면 최소한 한 군데에서라도 좋은 결과는 생기기 마련입니다.

자신이 부러워하는 어떤 포인트에서 다른 사람이 성공을 거두면 우리는 흔히 이렇게 말합니다.

"좋겠다. 저 사람은 운이 좋구나."

단지 운이 좋아서라고 치부합니다.

하지만 그저 운이 좋아서가 아닙니다. 그들은 어떻게 하는지, 어떻게 해왔는지 과정을 먼저 보세요. 그들이 어떻게 물고기를 잡는지 따져 보아야 합니다. 적절한 장소에 그물을 잔뜩 쳐놓으면 물고기가 적어도 한 마리는 잡힙니다.

여러분은 어땠나요?

적절한 장소에 그물을 놓았나요?

아니, 그물을 제대로 놓은 적이 있기라도 한가요?

운 좋은 사람들이 따로 있다고 투덜대기 전에, 자신이 무엇을 어떻게 했는지부터 돌아보는 것이 우선입니다.

운을 따지는 것도
일종의 방어기제입니다

무언가 일이 잘 풀리지 않는다고 느낄 때 우리는 '운이 나쁘다'라고 얘기합니다. 이것은 정신의학적으로 방어기제 중 하나입니다. 방어기제는 '정신의학의 아버지'라 불리는 프로이트 박사가 생각해낸 개념입니다.

제대로 설명하자면 복잡하기 때문에 저만의 방식으로 간략하게 설명해보겠습니다. '그대로 현실을 인정하면 괴롭기 때문에 자신의 기분을 가공해서 괴로움을 완화하는 마음의 작용'이 방어기제라고 할 수 있습니다. 이해를 돕기 위해 예를 하나 들어볼게요.

방어기제 중에 '반동 형성(reaction formation)'이라는 것이 있습니다. 반동 형성은 자신의 기분과 정반대되는 행동을 해서 균형을 지키려고 하는 것입니다. 쉽게 얘기해 좋아하는 아이에게 일부러 장난을 치는 행동을 반동 형성이라고 합니다.

'도피'는 눈앞에 있는 문제에서 도망치는 방어기제입니다. 시험을 코앞에 두고서도 공부하지 않고 청소를 시작하는 것이 그 예입니다. 이런 식으로 우리는 갖가지 방어기제를 사용해 날마다 스트레스에 맞서고 있습니다.

'남 탓'을 하는 것도 효과적인 방어기제 중 하나입니다. 그러니까 어떤 문제가 생겼을 때 다른 사람을 비난하는 것이지요. 누구누구의 탓, 무엇무엇의 탓으로 돌리는 것입니다. 이제 제가 하고 싶은 말이 이해가 조금 가나요?

일이 잘되지 않는 것을 운 탓, 남 탓으로 돌리는 것도 효과적인 방어기제가 됩니다.

그러므로 남을 탓하는 걸 마냥 비난할 수도 없습니다. 때로는 남 탓을 통해 스트레스에서 도망치는 것도 필요하니까요.

하지만 마냥 남 탓만 하다 보면 반대로 자신이 가진 가능성을 놓치게 될지도 모릅니다. 자신이 성공했을 때도 '운이 좋은 것일 뿐'이라며 무시해버릴지 모릅니다. 많은 일들은 결국 자신의 생각과 행동의 결과입니다. 이 점을 절대 잊어서는 안 됩니다.

운에 빠진 사람들
: 그러면 마음이 편하니까요

1년에 한두 번, 운세를 보러 가는 사람들은 흔하지요. 그런데 선을 넘어 너무 깊게 빠지는 사람들이 있습니다. 한 마디한 마디에 휘둘리기도 하는데요. 여기서 잠깐 운세와 점성술을 맹신하는 사람에 대해 얘기하려 합니다.

이런 사람들은 다음 세 가지 특징이 있습니다.

첫째, 낭만주의자일 수 있습니다.
운세와 점성술 결과에 따라 운이 나빠진다, 좋아진다고 믿는 것은 일종의 낭만 때문이라 생각합니다. '인생은 한방'이란 구호 아래 역전승을 노리는 경향이 있습니다. 꿈을 꾼다고 할까요. 이런 것도 일종의 낭만입니다.

둘째, 암시에 걸리기 쉬운 사람일 수도 있고요.

'○○을 하면 운이 좋아진다', '○○을 갖고 다니면 길하다'라고 믿는 것은 암시입니다. '이것을 하면 운이 좋아질 것이다'라며 스스로에게 암시를 걸고는, 마음 편하게 또는 기분 좋게 지냅니다.

셋째, 의존적인 사람일 가능성도 있습니다.

불안과 괴로움을 운세와 점성술에 의지해 해결하려는 마음도 있을 것입니다. 그런 의미에서 보자면 의존적이라 할 수 있습니다.

이런 경향에 대해 좋다, 나쁘다를 쉽게 말할 수는 없습니다. 각자의 가치관이고 습관 같은 것이지요. 더군다나 운세를 찾아보는 게 무조건 나쁜 것도 아니고요.

　　다만 어떤 일이든 그렇겠지만 '지나치면' 위험합니다. 맹신을 지양하라는 뜻입니다. 이 책을 읽는 독자 여러분 모두 잘 아시겠지만, 운세나 점성술은 그저 무언가를 결정하는 데 참고로 활용하면 되는 일입니다. '스스로의 기준'을 명확하게 갖고 문제를 해결하려는 자세가 중요합니다.

종교가 없어도
기도가 도움이 될 수 있습니다

"이번 면접에 꼭 통과하게 해주세요."
"원하는 학교에 입학할 수 있게 해주세요."
"하루빨리 쾌차하게 해주세요."

종교가 있든 없든, 신을 믿든 믿지 않든 우리는 살면서 수천 번, 수만 번 기도를 합니다. 시험에 붙게 해달라고, 인연을 만나게 해달라고, 부모님이 건강하게 해달라고, 등등 말입니다.

저는 이런 기도를 부정하지 않습니다. 오히려 어떤 면에서는 유용하다고 생각합니다. 자신에게 지금 필요한 것이 무엇인지 깨달으며 차분하게 마음을 정리할 수 있고, 또 나아가 '자기 생각의 기준'을 얻는 데 도움이 되니까요.

인생을 살다 보면 크고 작은 걱정거리들이 생기기 마련입니다. 문제의 한가운데에 빠져 있으면 길이 쉽게 보이지 않습니다. 막막합니다. 골짜기 안에 있으면 나가는 방향이 보이지 않는 것과 같지요. 도대체 내가 어떻게 하면 좋을지, 무엇을 해야 할지 판단이 힘들어집니다.

그런 점에서 종교가 있든 없든 누군가에게 기도를 하면서 자신의 마음을 다스리고, 한 걸음 떨어져서 생각을 정리하는 것은 좋은 방법입니다. 다만 무조건 신에게 의지하려고만 하면 어떤 일을 해도 잘되기 어렵겠지요.

"회사가 지옥 같습니다. 저 좀 구해주세요."
"공부를 많이 못 했습니다. 그냥 시험에 붙게 해주시면 안 될까요?"

이런 막연한 기도를 하라는 게 아닙니다. 자신이 정말로 무엇을 원하는지를 알아야 합니다. 그러면 수많은 해결책 중에서 내가 정말 원하는 방안은 무엇인지, 사고의 고리가 연결됩니다.

회사가 지옥 같다.

↓

왜 지옥 같을까?

↓

팀장과도 문제가 없다. 연봉도 어느 정도 만족한다.

회사의 비전도 나쁘지 않다.

그럼 무엇이 문제인가?

↓

사실 아무에게도 말하지 못했는데,

지금 맡은 프로젝트가 너무 부담이 되어

견딜 수가 없다.

이런 사고의 과정을 거치면 기도의 내용은 바뀝니다. '회사를 탈출하게 해주세요'가 아니라 '이번 프로젝트가 무사히 끝나게 도와주세요'가 원하는 바였던 것입니다. 무조건 회사가 지옥 같다며 도와달라고 외치는 것이 아니라, 진정한 문제 해결에 집중하게 됩니다.

이렇듯 어떻게 하느냐에 따라서 기도는 일종의 생각을 정리하는 과정이 될 수 있습니다. 자신이 정말 무엇을 원하는지를 깨닫게 만드는 것이지요.

정신과 의사인 저 역시 어려움이 닥치면 교회나 절 같은 조용하고 평화로운 곳을 찾습니다. 그리고 지금 겪고 있는 어려움을 어떻게 하면 해결할 수 있을지 조용히 생각하고 다짐할 때가 많이 있습니다.

'최선을 다해야지. 그러다 보면 일이 잘 해결될 거야.'

이렇게 스스로를 다독이고 다짐을 확인하는 정도입니다.

여기서 중요한 것은 '다짐'입니다. 다짐이라는 행위가 상당히 중요합니다.

인생을 살다 보면 어떤 일을 이루기 위해서 무언가를 희생해야 할 때가 많이 있습니다. 우리가 사용할 수 있는 에너지도 시간도 한정되어 있지요. 이것도 하고 싶고 저것도 하고 싶지만 모든 것을 다 할 수는 없습니다.

의도적으로 '다짐'이라는 행위를 하면
일의 우선순위를 명확히 할 수 있습니다.

자신이 나아가야 할 방향을 바로잡는 효과를 얻을 수 있습니다.

인지의 왜곡
: 우리의 바람이
현실이 되지 못하는 이유

'생각은 현실이 된다'라는 말이 있습니다. 당연한 말입니다. 생각하지도 않는데 바람이 이루어질 리 없습니다. 머릿속으로 어떻게 되고 싶은지, 어떻게 하고 싶은지 계획이 있기 때문에 성취라는 결과를 얻는 것입니다. 그게 전부입니다.

그런데 바람이 현실이 되지 못하는 이유는 뭘까요?

물론 원한다고 해서 모든 일이 이루어지는 것은 아닙니다. 우리는 도전과 실패가 얼마든지 가능한 인생을 살고 있습니다. 그렇기 때문에 끊임없이 사고하고 이를 실행하기 위해 노력하다 보면 바라는 대로 이루어질 확률도 그만큼 높아집니다. 반면 아무 궁리도 하지 않으면 현실로 이루어지지 않습니다. 들어가는 문 앞에 아예 서 있지도 않기 때문입니다.

이렇게 당연한 얘기를 왜 하느냐고요? 믿으실지 모르겠지만 놀랍게도 정말로 아무런 생각도, 바람도, 계획도 없으면서 한탄만 하는 사람이 상당히 많기 때문입니다. 최소한 어떤 문을 열고 싶고 어떤 길로 가고 싶은지, 그것조차도 모르는 사람이 대다수입니다.

"저는 지지리 운도 없는 사람인가 봐요."
"무슨 일이 있었나요?"
"아뇨. 아무 일도 없어요."
"그런데 왜 운이 없다고 하시나요?"
"그냥요."
"원하는 일이 있었는데 잘 안된 건 아니고요?"
"아뇨. 그런 건 아니에요."

"그럼 운이 없는 건 아니네요?"

"저 빼고 다들 잘나가는 것 같아요. 그러니 저는 운이 없는 거죠."

"…."

또 하나, 바람을 현실로 이루지 못하는 경우가 있습니다. 생각과 사고방식에 '타당성'이 없는 경우입니다. 타당성이 없다면 현실이 되기는커녕 현실과 점점 더 멀어집니다. 정신요법에서는 이를 두고 '인지의 왜곡'이라 설명합니다.

사람에 따라 상황을 이해하고 받아들이는 데는 차이가 있을 수밖에 없습니다. 예를 들어볼까요?

교수님과의 온라인 수업이 있다고 합시다. 학생들이 여러 질문을 올렸는데 교수님이 자신이 올린 질문에만 답을 하지 않습니다. 이럴 때 여러 가지 생각이 들 수 있겠죠.

'내가 올린 질문에만 답을 안 해주시는 걸 보니 교수님이

나를 무시하는 게 아닐까. 이번 논문은 끝장났어.'

같은 경우라도 누군가는 다르게 생각합니다.

'질문이 너무 많아서 내 질문은 놓치셨나 보네. 메일로 다시 질문드려야지.'

두 사람은 상황을 다르게 인지했고, 그로 인해 결과는 확연히 달라집니다. 한 사람은 논문을 망치고, 다른 한 사람은 교수님과 잘 논의하여 성공적으로 논문을 완성하겠지요.

생각은 현실이 될 수 있습니다. 하지만 무조건 현실이 될 수 있는 것은 아닙니다. 목적을 이루기 위해 필요한 생각들을 '현실에 맞게' 하는 것이 필요합니다.

운명을 스스로
바꿀 수 있을까

병원에 상담하러 오는 사람들이 하는 이야기 중에 공통된 것이 하나 있습니다.

"선생님, 운명이란 게 있는 걸까요?"

"선생님, 왜 저는 하는 일마다 이 모양일까요? 역시 저는 뭘 해도 안되는 사람인가 봐요."

뭘 해도 안되는 사람. 이런 이야기를 들을 때마다 진심으로 안타깝게 생각합니다. 하지만 제가 감히 '운명이란 것은 존재합니다', '그런 건 없습니다'라고 단언할 수 있는 입장도 아니기에 명확하게 답을 드리긴 어렵습니다. 대신 이 책의 지면을 빌려 이런 이야기를 드리고 싶습니다.

운명이 존재할까요? 운명이란 무엇일까요? 운명은 어떻게 정의하느냐에 따라 그 의미가 달라집니다. 우리의 인생 굽이 굽이마다 이벤트가 있고, 그것이 인생의 방향을 결정짓는 경우가 많지요.

운명은 누군가가 미리 결정해두는 것이 아닙니다. 그보다는 평소의 생활 태도, 사고, 행위가 쌓이면서 점점 완성된다고 생각합니다. 이 이야기는 실제로 예를 들어 설명하는 편이 좀 더 이해하기 쉬울 듯해서, 저의 성장 과정을 간단하게 들려드리겠습니다.

저는 지금 정신과 의사와 작가라는 두 가지 소중한 직업을 갖고 있습니다. 저와 잘 맞는 일이고, 제가 해야 할 일이라고 생각합니다. 하지만 처음에 제가 상상했던 인생은 지금의 모습과 전혀 다릅니다.

저는 어릴 때부터 줄곧 '글을 쓰는 사람이 되고 싶다'라는 마음을 품고 있었습니다. 아버지는 다른 것은 몰라도 책만큼은 꼭 사주셨지요. 서점으로 무심코 발길을 옮기는 일이 잦았고, 틈이 날 때마다 책을 읽었습니다. 그러다 보니 읽는 사람의 가슴을 두근두근 설레게 하고, 기분 좋게 만들고, 여러 가지를 공부하게 만드는 작가라는 직업을 동경하게 되었습니다.

학교를 다니면서 학급 신문의 기사를 담당하거나, 축제 때 연극 각본을 맡게 되었습니다. 많은 사람들이 제가 쓴 글을 읽고 어떻게 반응하는지를 보는 게 저의 큰 즐거움이었습니다.

사람들의 반응을 살피다 보니 어떤 글이, 어떤 문장이 사랑받는지도 알게 되었습니다. 그렇게 글을 세련되게 다듬어 가는 과정이 너무나도 즐거웠습니다.

특히 고등학교 2학년 축제 때 연극 각본을 담당했을 때는, 각본 쓰는 방법을 스스로 연구하고 배워가며 조금씩 원고를 완성해갔습니다. '언젠가 어엿한 작가가 되어 글을 쓰고 싶다'라는 생각도 점점 확고해졌지요.

그러다가 아버지의 뒤를 이어 의사가 되기 위해 의대에 진학했습니다. 의사 국가시험과 수련의를 거치는 사이에 '작가가 되고 싶다'라는 생각은 마음 한편에 밀어두었습니다.

하지만 서점에 가는 것은 변함없는 일과였고 '나라면 어떤 글을 쓸까'라며 고민도 계속했습니다. 언젠가 책을 내고 싶다는 마음은 버리지 않았습니다.

수련의 생활을 하면서 나와 가장 어울리는 진료과가 무엇일까, 고민하다가 나온 답은 바로 정신과였습니다. 정신과는 제가 좋아하는 철학이나 문학과 공통된 부분도 있고 진료할 때 언어 감각이 큰 무기가 될 수도 있을 것 같았습니다.

그렇게 정신과 의사라는 위치에 만족하며 일하던 중, 아버지가 병으로 쓰러지셨습니다. 저는 고향으로 돌아가 아버지의 내과 클리닉을 이어받았습니다. 아버지의 내과 클리닉에는 치료 중인 환자가 굉장히 많았습니다. 제 전문 분야가 아니라고 해서 환자를 내버려둘 수는 없었지요.

　내과 공부를 다시 하면서 환자를 진료하는 동시에, 누워계신 아버지도 돌보았습니다. 그렇게 저는 일단 내과 의사로 활동하기로 했습니다. 내과 의사와 정신과 의사는 하는 일의 내용이 너무나 달랐기에 사실 저는 일에 온전히 집중할 수가 없었습니다.

　그런 상태가 1년 정도 이어지던 어느 날 아버지가 세상을 떠납니다. 오랫동안 슬퍼하는 제 모습을 지켜보던 당시 저의 동반자는 이렇게 말했습니다.

　"블로그라도 시작해보면 어때? 예전부터 너는 글 쓰는 걸 좋아했잖아."

　그 말에 불현듯 마음 한편에 묻어둔 작가의 꿈이 떠올랐습니다.

'그래, 작가가 되고 싶은 꿈이 있었지. 그래서 종종 글을 썼 었어.'

그때 저는 다시 글을 쓰기로 결심했습니다. 평범한 블로그 의 글은 아무도 읽어주지 않을 것 같아 나만의 '특별한' 일상 을 올려보기로 했지요. 그뿐이라면 소재가 금세 바닥을 드러 날 수 있으니 사람들의 고민을 상담해주는 코너도 같이 해보 기로 합니다.

필명은 뭐라고 할까. 동반자의 이름을 따서 '토미'라고 하 자. Tomy. 앗, 스펠링이 원래는 Tommy인가. 뭐, 아무럼 어때. Tomy 그대로! 토미라는 이름은 이렇게 탄생하게 되었죠.

그 후 블로그를 운영하면서 몇 권의 책을 냈습니다. 그중에 는 베스트셀러가 된 것도 있지요.

그러면서 저는 아버지에게서 물려받은 내과 클리닉을 계속 운영했고, 그 과정에서 역시나 정신과 의사가 적성에 더 맞는

다는 생각이 더욱 강해졌습니다.

결국 고향에 있는 병원은 내과 전문의를 초빙해 맡기게 됐습니다. 그래서 지금 저는 정신과 의사와 작가, 되고 싶어 했던 직업을 두 가지나 갖고 있지요.

이야기가 다소 길어졌네요. 어떤가요? 여러분이 보기에 제 인생은 운명이었을까요?

하고 싶었던 일을 두 가지나 하고 있기 때문에 지금 저는 굉장히 행복합니다. 물론 여기에는 분명 운도 포함되어 있을 겁니다. 하지만 그게 전부는 아니라고 생각합니다.

10년이 넘는 지난 시간을 돌이켜보며 제 바람, 제 선택 등을 곱씹어보았습니다. 한 가지는 확실했습니다.

제가 지금의 행복을 찾게 된 것은
항상 제 염원을 잊지 않았기 때문입니다.

마음 깊은 곳에서 '언젠가 그런 일을 하고 싶다'라고 항상 생각하고 있었습니다. '기회가 있을 때 글을 쓰자', '언젠가 다시 정신과 의사로 돌아가야겠다'라는 염원이 항상 있었습니다. 그랬기에 기회가 왔을 때 글을 쓸 수 있었고, 원했던 정신과 일을 나중에라도 다시 시작할 수 있었습니다.

계기는 외부에서 오는 것인지도 모릅니다.
하지만 흐름은 스스로 만드는 것입니다.
그것이 운명입니다.

그러니까 운명을 자기 스스로 만드는 것이 어느 정도 가능하다는 이야기입니다. 제 긴 이야기를 통해 이 의미를 꼭 전하고 싶었습니다.

자신의 촉을
믿어도 될까요?

"그 사람은 촉이 좋아."

"내 직감에 따르면 말이야."

사람들이 흔히 하는 말입니다. 촉. 직감. 비이성적으로 보이는 이것을 정신과 의사 입장에서 어떻게 해석할까요?

직감은 '의식화되지 않은 상황을 분석하고 예측하는 힘'이라고 할 수 있습니다. 직감은 보통 어떤 문제가 일어났을 때 대책을 생각하고 예측해서 대응하는 것을 말합니다.

직감이 뛰어난 사람은 무의식적으로 이 과정을 진행합니다. 비슷한 상황에서 겪었던 과거의 경험이 어느 정도 머릿속에 들어 있어서 '그때 상황과 비슷하니까 틀림없이 이렇게 될 거야'라는 생각이 번개처럼 두뇌를 스치는 것입니다.

이런 의미에서 직감을 발달시키고 싶다면 다양하고 비슷한 상황을 최대한 많이 경험하는 것이 좋습니다. 그게 어렵다면 비슷한 사례를 많이 학습하는 것이 좋습니다. 이 두 가지가 중요합니다.

그리고 무엇보다 가장 중요한 것이 있습니다.
'스스로 결단을 내리는 것'입니다.

어떠한 결단이라도 좋습니다. 일상의 소소한 결정도 괜찮습니다. 스스로 책임지고 결단을 내립니다. 직감을 따르는 사람은 실패를 두려워하지 않습니다. 심지어는 실패하기 위해 결단을 내릴 때도 있습니다.

그렇게 스스로 결정을 내리면 '이번에는 이런 방법으로 실패했으니 다음에는 다르게 해야겠다'라는 경험치를 축적하게 됩니다. 타인이 결정하는 것은 내 경험이 되지 못합니다.

예를 들어 '맛있는 음식점인지 직감으로 아는 사람'이 있다고 해볼까요? '이런 위치, 이런 인테리어, 이런 고객층이라면 대부분 맛있다'라는 정보를 자신의 경험 속에서 꺼내는 것이지요.

그래서 모르는 곳에 가도 '아, 이런 음식점의 요리는 틀림없이 맛있을 거야'라고 직감이 활동하게 됩니다.

직감의 힘은 그렇게 생겨나고, 그렇게 발현됩니다.

2장

내가 누구인지 아는 순간,
좋은 운이 열린다

운을 좋아지게 만들 수 있을까요?

지금부터는

'운이 스스로 좋아지게 만들 수 있을까?'에 대해

생각해보려 합니다.

지금까지 했던 이야기를 떠올려보면

결론은 여러분도 다들 아실 것입니다.

이번 장에서는

그 구체적인 방법에 대해서 살펴보겠습니다.

내가 누구인지 구체적으로 알게 될수록

좋은 운이 열립니다.

항상 운이 좋은 사람들의
세 가지 특징

앞에서 운이 좋은 사람들에게는 공통점이 있다고 말씀드렸습니다. 그들은 운이 좋아지게 만드는 방법을 알고 이를 생활에서 습관처럼 행하고 있지요. 다음과 같은 세 가지 특징이 있습니다.

하나, 자신이 하고 싶은 것이 무엇인지 확실하게 안다.
둘, 흔들림이 없다.
셋, 유연하게 의지를 변화시킨다.

각각의 특성에 대해 살펴보겠습니다.

하나, 자신이 하고 싶은 것이 무엇인지 확실하게 안다.

앞에서 수없이 반복한 얘기지요? 운이 좋은 사람은 '아무튼 그냥 운이 좋아지면 좋겠어'라고 막연하게 생각하지 않습니다. '나에게 ○○가 소중하기 때문에 ○○을 하고 싶다'라는 식으로 구체적으로 생각합니다.

무엇을 해야 행복한지, 무엇을 얻어야 기쁜지 스스로 잘 안다는 것입니다. 이런 점을 잘 모르는 사람은 '아, 이런 것도 좋구나. 부럽다', '저런 게 행복이구나' 하고 두루뭉술하게 생각합니다.

친구가 다이어트에 성공해 예쁜 옷을 입고 나타났습니다.
'와, 좋겠다. 부럽다.'
지인이 결혼을 한다며 청첩장을 보냈습니다.
'와, 좋겠다. 부럽다.'

대학 동기가 회사에 입사해 첫 월급을 받았다며 한턱 쏘겠다는 연락이 왔습니다.

'와, 좋겠다. 부럽다.'

정말 부러운가요? 어쩌면 자신은 다이어트에 관심이 없고, 결혼에는 당장 뜻이 없는지도 모릅니다. 유학을 준비 중인 터라 사실 취업에도 관심이 없고요. 그런데도 자동반사적으로 남 일이라면 그저 부럽다, 좋겠다 같은 감탄사만 연발하고 있는 건 아닌가요? 자신이 진정으로 원하는 게 아닌데도?

자신이 무엇을 바라는지 알지 못하면, 그에 맞는 생각도 행동도 당연히 할 수 없습니다. 결국 운이 좋아질 리도 없겠지요.

둘, 흔들림이 없다.

첫 번째 특징과 통하는 얘기입니다. 자신이 무엇을 원하는지 확실하게 아는 사람은 이리저리 쉽게 흔들리지 않습니다.

자신이 원하는 바가 명확하기 때문이지요. 당연한 이야기겠지만요.

셋, 유연하게 의지를 변화시킨다.

유연하게 의지를 변화시킨다니, 무슨 말일까요? 언뜻 보면 앞의 특징과 모순되어 보이지만, 사실은 그렇지 않습니다.

바라는 것은 살면서 조금씩 달라질 수 있습니다. 그럴 때 '지금까지 소중하다고 믿어온 것'에 집착하면 어떻게 될까요? 자신이 원하는 것이 이미 달라졌는데 지나온 것들로 꽉 막혀 있으니 무슨 일이든 제대로 풀릴 리가 없습니다.

무엇을 원하는지 안다는 것은 환경에 맞게 목표를 조금씩 수정할 수도, 혹은 그 목적 안에서 수단과 방법을 유연하게 변화시킬 수도 있다는 의미입니다. 그래서 완고한 사람은 운이 좋아지기가 어렵습니다.

이쯤 되니 이런 소리가 들리는 것 같네요.

"저는 아직 하고 싶은 일이 뭔지 모르겠어요. 어떻게 해야 하나요?"

걱정하지 마세요. 그런 사람은 많습니다. 하고 싶은 것이 확실하지 않은 사람은 다음 두 가지 유형에 속합니다.

첫 번째 유형, 무언가 하고 싶지만 아직 찾아내지 못했다.

이런 유형은 '무언가 찾아내고 싶다'라는 마음이 있다는 것조차 모르는 상태입니다. 억지로 찾아내려고 하지도 않습니다. 그러니 '무언가를 찾아내고 싶다'가 지금 당신의 바람이라고 인식하는 것이 먼저입니다.

그렇게 생각하기만 해도 여러 가지를 노력할 수 있습니다. 또한 언젠가 타이밍이 맞았을 때 '그래, 바로 이거야!'라고 인식하는 순간을 맞을 수 있습니다.

두 번째 유형, 사실은 이미 만족스럽다.

특별히 하고 싶은 것이 없다고 해서 하고 싶은 것을 꼭 찾아내야 하는 것은 아닙니다. 이런 사람은 사실 '이미 운이 좋아졌다'고 생각하는 편이 맞습니다. 이미 만족스러운 상태인 것입니다.

이럴 때는 자신이 만족스럽다는 것을 이해하고 성실하게 살아가면 됩니다. 날마다 평온한 생활을 하는, 이 좋은 '운'을 똑똑히 이해하도록 합니다. 만족스러운 생활이 생각에 따라서는 조금 따분할 수도 있겠지만 굉장히 감사한 일임을 잊지 말기를 바랍니다.

다른 사람들의 평가에
흔들리지 마세요

　결국 운이 좋아지게 만들기 위해서는 자신이 원하는 바가 무엇인지를 분명하게 아는 것이 중요하다고 반복해서 얘기했습니다. 그렇다면 그다음은 무엇일까요? 바로 '나만의 기준'을 세우는 것입니다.

　인생을 살아가면서 무엇이든지 다 손에 넣을 수는 없습니다. 따라서 자신에게 필요한 것과 필요하지 않은 것, 우선순위가 높은 것과 낮은 것을 정확히 이해해야 합니다.

이런 기준이 없으면 "A씨가 투자한 주식이 대박이 났대. 우와, 좋겠다. 운이 좋구나", "B씨가 창업한 회사가 성공했대. 운이 참 좋네"라는 식으로 마냥 부러워만 하게 됩니다.

나는 무엇을 하고 싶어 하는가, 무엇을 하고 싶지 않은가, 이것을 정확하게 의식한 후에는 나만의 기준을 찾아야 합니다. 자신의 중심으로 갖고 오는 것이 바로 자신의 기준입니다.

'이걸 하면 부모님이 나에 대해서 좋게 평가하지 않을까?'
'내가 이런 회사에 입사하면 다른 사람들은 나를 어떻게 생각할까?'
자신의 중심에 이렇게 다른 사람의 평가 기준을 가져오면 적절한 행동을 할 수 없습니다. 방향성이 다른 사람에게 있으면 스스로 결정을 내릴 수 없기 때문입니다.

예를 들어볼까요? 대학 졸업을 앞두고 친구들이 모두 취직하는 것을 지켜보고 있으면 몹시 불안해집니다. 나도 그냥 취업 전선에 뛰어들어야 하는 것은 아닐까, 하루에 열두 번도 생각이 바뀔 수 있습니다.

하지만 오래전부터 대학원에 진학해 하고 싶은 공부를 더 하고 싶은 꿈이 있다면, 자신이 정말 원하는 것은 대학원 진학일 테지요.

이렇게 정말 원하는 것이 있다면 여기에 다른 사람의 평가를 가져와선 안 됩니다.

"너희 집이 그렇게 부자도 아닌데 대학원을 진학한다고?"

"난 바로 취직해서 돈을 버는 게 좋아. 너도 그렇게 하지 그래?"

이러한 타인의 평가를 자신의 안으로 가져와서는 안 된다는 말입니다.

자신의 기준을 똑바로 세우고 난 후에는 끈기가 필요합니다. 흔히 주변 친구나 동료들은 운이 좋은 사람에게서 '성공한 순간'만 발견하려고 합니다. 성공에 이르기까지 그 사람이 얼마나 노력했는지, 그 숨은 면들은 잘 보려고 하지 않습니다.

적절한 노력을 한다고 해도 좋은 결과가 바로 나오지는 않습니다. 그렇기 때문에 운이 트일 때까지, 그리고 운이 트인 뒤에도 계속 끈기 있게 노력하는 것이 중요합니다.

운이 좋아지게 하는
기본 생활 습관

　지금까지 운이 좋아지는 데 필요한 원칙을 살펴봤습니다. 그러고 보면 참으로 당연하고 참으로 정직한 이야기입니다. 신비한 마법 같은 방법은 없다는 것이지요.

　그런데 제가 수많은 상담을 하고 지켜본 결과 무엇을 깨달았는지 아시나요? 이렇게 당연하고 정직하게 생각하며 행동하는 사람이 의외로 적다는 사실입니다. 이것을 바꿔 말하면, 여러분에게도 운이 좋아질 기회는 얼마든지 있다는 뜻입니다.

좀 더 구체적으로 운이 좋아지게 하는 방법에 대해 살펴보겠습니다.

하나, 규칙적인 생활을 한다.

정말로 기본적인 이야기지만 엄청나게 중요합니다. 불규칙한 생활 때문에 건강을 유지하지 못한다면 운도 그 무엇도 아무 소용이 없습니다.

시간대별로 로봇처럼 움직이는 대단한 규칙을 말하는 게 아닙니다. 낮과 밤이 바뀌지 않은, 그 정도의 기본적인 성실함이어도 충분합니다. 폭음, 폭식, 수면 부족 상태가 지속되면 두뇌는 제대로 활동하지 않습니다. 공부도, 일도 제대로 될 리가 없습니다.

스님 같은 생활을 하라는 것이 아닙니다. 어느 정도의 착실함, 다른 사람들과 활동을 공유하고 교류할 수 있는 규칙적인 생활 정도는 유지해주어야 합니다.

둘, 시간 약속을 잘 지킨다.

시간을 잘 지키는 것과 운이 무슨 상관일까요? 아주 큰 관련이 있습니다. 시간을 잘 지킨다는 것은 곧 다른 사람과의 관계를 잘 지킨다는 뜻이기 때문입니다. 나중에 얘기하겠지만 운이 좋아지는 방법 중에서 가장 중요한 것은 바로 '사람'이기 때문입니다.

시간 약속을 지키지 않아서 다른 사람의 신뢰를 잃고 기회를 놓치는 경우가 생각보다 많습니다.

> 시간을 지키지 않는다는 말은
> '당신이 중요한 자리에 없을 확률이 높다'라는
> 뜻입니다.

중요한 자리는 절대 지각하지 않고, 중요한 프로젝트만큼은 꼭 마감 기한을 지켜야 합니다. 평소에 지각하지 않고 기한을 잘 지키는 것이 정말로 중요합니다. 운이란 하늘에서 떨어지는 게 아닙니다. 좋은 운이 어떤 상황, 어떤 관계에서 언제

어떻게 열릴지 모르는 일입니다.

셋, 돈 관리를 중요하게 생각한다.

운을 얘기할 때 돈은 굉장히 중요한 키워드입니다. 운이 잘 풀렸으면 좋겠다는 이야기 중에 절반 이상이 돈과 관련이 있으니까요. 그리고 돈은 인간관계와 매우 밀접하게 연결되어 있습니다. 돈 관리를 잘한다는 것은 인간관계 관리와도 연계되어 있는 법입니다. 그런 점에서 도박이나 낭비를 하지 않는 것은 기본입니다. 그리고 자신이 내야 할 돈은 정확하게 지불해야 합니다.

돈을 그 자체로 소중하게 생각해야 합니다. 돈이 없어서 일어나는 가장 큰 문제는 원하는 옷을 살 수 없다, 맛있는 음식을 먹을 수 없다, 그런 수준이 아닙니다.

돈이 없으면 인생의 선택지가 줄어듭니다. 돈이 없으면 대학 입시에 합격해도 진학이 불가능할지 모릅니다. 돈이 없어서 유학을 포기해야 할지도 모릅니다. 돈이 없어서 아이 낳기를 포기하는 사람도 있습니다.

돈이 없으면 삶의 다양한 기회를 얻지 못합니다. 중요한 기회가 왔을 때 돈이 없는 탓에 가장 좋은 선택지를 취하지 못하는 것은 정말로 안타까운 일입니다. 이것이 얼마나 마음 아픈 일인지는 겪어본 사람만이 알 수 있습니다.

어떤가요. 운이 좋아지는 세 가지 습관에 대해 이해하셨나요? 운이 좋아지게 하고 싶다면 '규칙적으로 생활한다', '시간을 잘 지킨다', '돈을 소중하게 사용한다' 이 세 가지를 확실히 의식하고 있어야 합니다.

너무 기본적인 얘기라고요? 자신이 이 세 가지를 얼마나 잘 지키고 있는지 생각해보길 바랍니다. 기본이 전부일 때도 있습니다.

스스로를 냉정하게 바라볼수록
운이 좋아집니다

운이 좋아지기 위해서는 자신의 현재 상태를 제대로 평가
할 수 있어야 합니다. 현재 상태를 평가하기 위한 방법으로 다
음과 같은 것이 있습니다.

'나의 미래노트'를 정기적으로 씁니다.

사실 미래노트를 쓰는 것은 정기적이어도 부정기적이어도
상관없습니다. 저의 경우에는 보통 1년에 몇 번 정도로 정해
서 미래노트를 쓰고 있습니다. 자, 그렇다면 미래노트는 어떻

게 쓰는 걸까요?

먼저 '○○을 하고 싶다'라는 가까운 목표, 즉 예상하는 미래를 씁니다. 이렇게 문장으로 정리해두면 '지금 나는 ○○이 부족하니 이렇게 해야 하는구나' 하고 목표를 구체적으로 가슴에 새길 수 있습니다. 그러다 예상하는 미래에 근접하면, 그러니까 실현 가능성이 생긴 경우에는 체크를 합니다. 그리고 '지금이다!'라는 타이밍이 왔을 때 바로 행동으로 옮기면 됩니다.

예를 들어 미래노트에 '내년에 미국 동부를 여행하고 싶다'라고 적었다고 해봅시다. 그러면 '여행을 위해 필요한 시간과 예산은 이 정도이니 지금부터 대략 얼마를 모아야겠다'라는 목표가 정해지게 됩니다. 이렇게 하면 차근차근 돈을 모으고, 저렴한 항공권이 나왔을 때 놓치지 않고 예약할 수 있습니다. 내년 업무 계획을 제출하라고 할 때도 휴가 일정을 고려해서 합리적으로 준비할 수 있겠지요. 만약 아무런 생각 없이 살고 있었다면 미국 여행은 현실적으로 실현하기 어려웠을 겁니다.

　이렇게 작은 것이 하나씩 쌓여서 실현 가능성이 높아지게 되는 것입니다. 그러니 미래노트를 꼭 써보길 바랍니다. 미래노트 쓰는 법은 다음 장에서 더 자세히 말씀드리겠습니다.

글로 쓰는 것의 힘
: 나의 미래노트

자신의 현재 상태를 평가하고, 하고 싶은 것을 위한 준비를 하려면 '예상하는 미래'를 적고 그것을 이루는 데에 필요한 노력, 즉 '가까운 목표'를 써보기를 권합니다. 미래노트의 예시를 보여드리니 참고해보세요.

예상하는 미래	가까운 목표는?
1. 요리 솜씨가 좋아진다.	1. 다음 달부터 요리 학원에 다닌다.
2. 방을 기분 좋게 꾸민다.	2. 불필요한 물건을 버리고 방 배치를 바꾼다.
3. 애인이 생긴다.	3. 취미 동호회에 가입한다.

아래에는 지금 떠오르는 대로 자신의 미래노트를 한번 적어보세요.

1. 예상하는 미래	가까운 목표는?

---

2. 예상하는 미래	가까운 목표는?

---

3. 예상하는 미래	가까운 목표는?

마찬가지로 일과 공부에 대해서도 작성해보세요. 특히 일과 공부 영역은 목표를 구체적으로 쓰기 쉽고, 그 결과도 한눈에 볼 수 있기 때문에 미래노트를 작성하면 효과가 좋습니다.

적어도 1년에 한 번은 생각해보는 것이 좋습니다. 말로 하는 것과 글로 적는 것은 효과가 천지 차이입니다. 노트에 직접 써보는 것을 추천합니다.

예상하는 미래	가까운 목표는?
1. 1년 매출 1억 원을 달성한다.	1. 3개월 후에는 한 달 매출 1천만원을 달성한다.
2. 팀원에 대한 리더십이 향상된다.	2. 리더십 워크숍에 참가한다. 동료의 코칭을 살펴보고 좋은 점을 배운다.
3. 토익 시험에서 750점 이상을 받는다.	3. 당장 토익 학원에 등록한다.

1. 예상하는 미래	가까운 목표는?

2. 예상하는 미래	가까운 목표는?

운을 바꾸려면
행동이 바뀌어야 합니다

자신의 생각과 행동이 적절한 방향으로 나아가지 않거나 목표 없이 움직이면 대부분의 일을 그르치기 마련입니다. 하지만 앞에서 추천한 미래노트를 쓰다 보면 '나는 사실 이렇게 하고 싶은데 엉뚱한 방향으로 흘러가고 있구나' 하고 깨달을 수 있습니다.

이때 중요한 포인트가 있습니다. 원하는 결과를 얻을 수 없는 경우 잘못된 행동, 목표에 맞지 않는 행동을 하고 있는 게 아닌지 점검해보아야 합니다.

운이 나쁘다는 것은 행운이 따르지 않아서가 아닙니다. 당신이 선택한 행동이 잘못되었기 때문입니다.

행동이 달라지면 결과도 달라지는 법.
행동을 바꿔야 합니다.

예를 들어 다이어트할 거라고, 최소 5킬로그램은 빼야 한다고 말은 하면서도 매번 실패하는 사람이 있습니다. 처음에는 밀가루와 야식을 모두 끊고 닭가슴살과 방울토마토만 먹으면서 열심히 관리하지만 한 달은커녕 일주일도 못 가 흐지부지되는 것이지요.

이러니 다이어트가 제대로 되지 않는 것이 당연합니다. 괜히 스트레스만 받고 주변 사람에게는 '말로만 다이어트하는 사람'이라는 이미지만 남습니다.

이런 경우 '오래 지속할 수 있고 나한테 잘 맞는 다이어트 방법을 찾아서 최소 3개월 정도는 지속해야겠다'라는 사실을 깨닫고 행동을 바꿔야 합니다.

운이 좋은지 나쁜지 점검하는 것은

곧 자신의 행동을 점검하는 것입니다.

미처 발견하지 못한
행운을 찾아내는 법

많은 사람들이 다른 사람의 운을 쳐다보며 부러워하느라 정작 자기 앞에 놓여 있는 행운은 미처 보지 못하는 실수를 저지릅니다. 자신이 얼마나 행운아인지를 깨닫는 방법은 의외로 간단합니다. 자신이 얼마나 운이 좋은지, 은혜를 받았는지 정기적으로 따져보면 됩니다.

이것도 글로 쓰는 편이 훨씬 효과적입니다. 그리고 매번 개수를 정해놓습니다. 틀을 딱 정해놓아야 깨닫기 쉬워지기 때문입니다.

예를 들어 매주 10개씩 자신에게 행운이라고 생각하는 것들을 글로 쓴다는 규칙을 정해둡니다. 시험 삼아 저도 써보겠습니다.

① 비교적 평온하게 지낸다.
② 동반자와 기분 좋은 거리감을 유지하고 있다.
③ 함께 즐거운 시간을 보내는 친구가 몇 명 있다.
④ 어머니가 건강하시다.
⑤ 일이 안정되어 있다.
⑥ 글을 쓸 수 있다.
⑦ 건강하다.
⑧ 반려동물이 귀엽고 건강하다.
⑨ 병원 직원들과 함께하는 점심시간이 즐겁다.
⑩ 곧 있으면 주문한 피아노가 도착한다.

지금 막 떠올린 것들을 써보았습니다. '10개를 쓰자'라고 생각하지 않았다면 당연하다 여기고 의식하지도 못했을 항목도 있습니다. 역시 이 방법은 굉장히 효과적입니다.

여러분도 지금 당장 적어보길 바랍니다.

운이 좋아지면
운명의 사람도 나타납니다

"제 운명의 상대는 언제쯤 나타날까요?"

"저는 평생 운명의 사람을 못 만나는 게 아닐까요?"

종종 이런 상담을 해오는 분들이 계십니다. 드라마나 영화에서가 아니라, 정말로 현실에서 운명의 상대를 찾는 분들이 있습니다.

'운명의 사람'에 대해서 인지행동요법 관점에서 생각해보겠습니다. 운명의 사람이라고 하면 지나치게 영적인 표현이라서 이해하기 어려울 수도 있습니다. 그렇기 때문에 '자신에게 잘 맞는 사람, 오랫동안 함께할 수 있는 동반자'라고 바꿔 말하겠습니다.

안타깝지만 운명의 사람이 언젠가 나에게 나타날지도 모른 다며 계속 기다리기만 해서는 절대로 좋은 사람이 나타나지 않습니다. 설사 나타난다 하더라도 알아차리지 못할뿐더러, 아무런 접점도 생기지 않은 채 스쳐 지나가게 됩니다.

가장 중요한 것은
'동반자가 반드시 가졌으면 좋겠다고 생각하는
명확한 요건'을 정해두는 것입니다.

그렇다고 해서 '외모가 뛰어나고 성격도 좋고 경제적으로 부유하며 나만을 소중하게 여기는 사람'이라는 식으로 생각 해서는 안 됩니다. 이런 사람이 세상에 얼마나 있을까요? 바 라는 조건이 늘어나면 늘어날수록 운명의 사람은 나타나기 어렵습니다. 당연한 얘기지요?

'나에게 꼭 필요한 요건'이 무엇인지 아는 것이 중요합니다. 사실 필요한 요건은 그렇게 많지 않습니다. 자신의 기준이 확실히 잡혀 있어야 정말로 원하는 것을 제대로 찾아낼 수 있습니다.

예를 들어 제가 동반자를 구할 때 중요하게 생각한 것은 다음과 같습니다. 서로를 위한 최선책을 정확하게 이야기하고 실행할 수 있는 사람. 이것이 가능하면 여러 가지 문제가 생겨도 둘이서 꿋꿋하게 헤쳐 나갈 수 있습니다. 반면 다른 조건이 아무리 좋아도 제가 중요하게 생각하는 요건이 채워지지 않으면 끝이 좋지 않았습니다.

> 우선순위가 정해지면 필요한 조건은
> '최소한'으로 합니다.
> 바라는 조건은 적을수록 좋습니다.

이 점을 명심하고 생각해봅시다. 자신과 잘 맞고 오래 함께

할 수 있는 동반자는 어떤 사람이라고 생각합니까?

• 질문 1. '동반자로서 꼭 필요한 요건'을 써보세요.

• 질문 2. 그것을 이루어주는 사람은 어떤 사람일까요?

자신만의 조건을 찾았다면 그다음은 행동입니다. 그저 생각만 한다고 해서 어느 날 그런 사람이 갑자기 눈앞에 나타나진 않지요.

그런데 실제로 '운명의 사람은 말 그대로 운명의 사람이기 때문에 내가 찾아나설 필요가 없다'라고 믿는 사람들도 있습니다. 하지만 생각해보세요. 운명의 사람은 지금까지 인생에서 나타나지 않았던 사람입니다. 그런데 갑자기 우리 앞에 나타날 확률이 얼마나 될까요? 원하는 사람을 만나기 위해서는 그동안의 행동반경에서 벗어나야 합니다. 분명하게 말하지만 그렇게 하지 않으면 만날 수 없습니다.

늘 관심은 있었지만 실행해보지 못한 취미 활동을 해봅니다. 피트니스 센터를 다녀보는 것도 좋습니다. 학원이나 스터디 모임에 나갈 수도 있습니다. 믿을 수 있는 친구들에게 "이성 친구를 찾고 있어"라고 말을 건네는 것도 하나의 방법입니다.

혹시나 이런 생각을 하는 사람은 없겠지만, 새로운 만남을 원한다 해서 무턱대고 아무나 만나는 것도 좋은 선택은 아닙니다. '운명의 사람은 아니야'라고 생각하면서 친구 이상 애인 미만으로 관계만 유지하다 보면 정작 운명의 상대는 다가오지 않습니다. 그렇게 쓸쓸함을 메우기 위해 아무나 만나다 보면 운명의 상대를 찾아야 한다는 동기부여도 줄어들게 됩니다.

목표에 맞는 적절한 생각과 행동을 계속하다 보면, 그에 맞는 흐름의 운명이 일정 확률로 찾아오기 마련입니다. 그렇게 해서 만나게 되는 사람이 바로 운명의 상대입니다.

금전운이
좋아지는 법

이번에는 누구나 관심있는 주제인 금전운입니다. '금전운이란 무엇인가?'에 대해서도 인지행동요법에 따라 생각해보겠습니다.

쉽게 떠올릴 수 있는 금전운에는 어떤 것이 있을까요? 우연히 큰돈을 줍거나 복권에 당첨되는 일이 바로 금전운에 해당하겠지요. 하지만 분명하게 말씀드리지만 그런 건 이루어지기 어렵습니다.

그렇다면 금전운이 좋다는 것은 무슨 의미일까요?

'필요할 때 필요한 돈이 수중에 있는 상태'입니다.

돈이 있다는 것의 본질은 사치를 부릴 수 있는 상태를 뜻하지 않습니다. '인생의 선택지가 늘어날 수 있는 것'을 의미합니다.

원하는 학교에 입학할 수 있는데 등록금이 없다면 어떨까요? 고대하던 회사로 이직하는 데 성공했는데 회사 근처에 집을 구할 돈이 없다면요? 어렵게 아파트 청약에 당첨됐는데 계약금 낼 돈이 없다고 상상해보세요. 인생의 기회가 왔을 때 제대로 움켜잡을 수 없습니다.

돈이 있다는 것의 진짜 의미는 바로 이런 데에서 찾을 수 있습니다.

하고 싶은 것을 하고 싶을 때 돈이 장애가 되지 않는 것.

그러니 돈 때문에 하고 싶은 것을 하지 못하게 될 가능성을 조금이라도 낮추는 게 매우 중요합니다.

그렇다면 금전운을 높이기 위해서는 어떻게 해야 할까요? 가장 기본은 낭비하지 않는 것입니다. 낭비라는 것은 필요 없는 데에 돈을 쓰는 행위를 말합니다.

필요 없을 때 돈을 쓰면
필요할 때 돈을 쓸 수 없습니다.

이 또한 당연한 얘기지만 사람들이 쉽게 간과합니다. 아웃렛에 갔는데 50퍼센트 할인하는 물건이 잔뜩 있다고 합시다. 단지 저렴하다는 이유로 마구 사들이는 것은 낭비입니다. 아무리 싸게 샀어도 필요 없는 물건이라면 의미가 없기 때문입니다.

돈을 아예 쓰지 말라는 뜻이 아님을 여러분들도 충분히 알거라 생각합니다. 잘 쓰자는 얘기입니다. 잘 쓰려면 '나는 어떤 경우에 돈을 쓸 것인가' 하고 '돈 쓸 때'를 스스로 정해두는 것도 한 방법입니다.

낭비하지 않는다고 해도 생활필수품만 살 수는 없는 일이지요. '그 물건은 나에게 ○○ 금액의 가치가 있는가 없는가'를 생각하고 나서 구입하면 됩니다.

예를 들어 저는 손목시계를 좋아하는데, 어떤 브랜드의 시계는 시간이 지날수록 가격이 올라갑니다. 그래서 나중에 시계를 팔게 될 때 구입가보다 더 고가에 파는 경우도 있습니다. 이런 구입 방식이라면 필요 없는 시계를 샀더라도 낭비는 아닌 셈이지요.

정장을 별로 입지 않는 사람이 비싼 정장을 사는 것은 분명 낭비일 것입니다. 하지만 사람들 앞에 나서는 일이 많다면, 자신에게 꼭 맞는 정장으로 좋은 인상을 줄 수 있습니다. 상대방에게 좋은 느낌을 주어서 추후에 괜찮은 성과를 얻을 수 있는 기회와 이어질 수도 있고요. 이러한 경우는 절대 낭비가 아니겠지요.

음악을 좋아하는 사람이 예산 안에서 악기를 사는 것도 쓸데없는 쇼핑이 아닙니다. 고급 레스토랑에 예약해서 산해진미를 맛보는 체험에 비싼 돈을 쓰는 게 가치 있다고 여기는 사람에게는, 이 또한 적절한 소비입니다.

> 돈이란 있는 게 당연한 것이 아니라
> 한정되어 있는 것입니다.
> 무언가를 사면 무언가는 사지 못하게 됩니다.

그런 사실을 충분히 이해하고, 자신에게 우선순위가 높은 무언가에 돈을 지불하는 것은 문제가 없다고 생각합니다.

연애운을
올리는 방법

이제 연애운에 대해 살펴보겠습니다. 마찬가지로 '연애운이 좋다는 것은 무엇일까?'부터 생각해보겠습니다.

사실 연애운의 경우 다른 운보다 조금 어렵습니다. 그 이유는 다음과 같습니다.

- 사람에 따라 연애운의 정의가 달라진다.
- 자신의 노력뿐만 아니라 상대에 따라 결과가 다르다.
- 인연과 타이밍이 있다.

연애운도 다른 운과 그 기본은 같습니다. 그렇다면 다음과 같은 점을 신경 써서 연애를 해보면 어떨까요.

먼저 중요한 것은 '나는 어떤 연애운을 바라는가'입니다. 예를 들면 이렇습니다.

- 오랫동안 한 사람과 안정적으로 사귀고 싶다.
- 상대가 끊이지 않았으면 좋겠다.
- 다정하고 성실한 상대와 사귀고 싶다.

이렇게 각자 마음속으로 바라는 연애 형태가 다를 수 있습니다. 그러니 중요한 것은 자신의 기준입니다.

> 나에게는 '무엇이 이상적인 연애운인지'를
> 생각해보길 바랍니다.

자신이 연애운이 없다고 말하는 사람 대부분은 어떤 연애운을 바라는지 모르고 있습니다. 친구가 "나는 애인이 끊이지 않아"라고 말하면 그것을 부러워합니다. "성실한 사람과 잘 사귀고 있어"라고 말하면 그것을 부러워합니다. "어제 또 고백을 받았어"라고 말하면 그것을 부러워합니다. "그럼 너는 어떤 연애가 하고 싶은데?"라고 물으면 선뜻 대답하지 못합니다.

그저 남을 부러워하기만 하는 사람이 많습니다. 그래서는 어떤 연애를 하고 싶은지 알지 못합니다. 연애가 잘될 리가 없습니다.

먼저 자신이 어떤 연애를 하고 싶은지 곰곰이 생각해보아야 합니다. 지금부터 두 가지 유형의 사람을 살펴보겠습니다.

A씨는 "인기가 많았으면 좋겠어요"라고 말합니다. 사실 A는 그다지 눈에 띄지 않는 편입니다. 사람이 많은 장소에 있어도 말을 걸어오는 사람이 별로 없습니다. 미팅을 나가도 인기가 없다는 사실을 스스로 잘 알고 있습니다. 친구들에게 표현하지는 않았지만 내심 이성에게 좀 더 인기가 있었으면 좋겠

다고 생각합니다.

자, A가 원하는 것이 무엇인지 이제 알았습니다. 그렇다면 그에 맞는 적절한 행동이 따라오면 되겠지요?

구체적으로 살펴보면 다음과 같습니다. 먼저 호감을 줄 만한 스타일로 스스로의 모습을 바꿔봅니다. 상대의 호감을 얻기 위해 외적인 변화를 추구하는 것은 부끄러운 일이 아닙니다. 노력입니다. 질문을 바꾸세요. '왜 나는 인기가 없을까?'라고 한탄하지 말고 '나는 사람을 끌어들일 만한 매력을 갖추고 있는가?'로 질문을 바꾸어야 합니다.

그리고 요리, 운동 등의 취미 활동으로 다양한 사람들과 만나는 것을 시도합니다. 너무 활발한 모임이 부담스럽다면 글쓰기 모임, 독서 모임, 와인 동호회 등도 좋습니다. 꾸준히 즐길 수 있는 새로운 취미 활동을 만들어서 인간관계 영역을 넓히는 것이 포인트입니다.

여기서 더 중요한 것은 어떤 인간관계를 넓히느냐보다 '어떤 자세로 그들을 대하느냐'입니다. 그동안 수동적이고 소극적이었다면 이 부분에 있어서는 좀 더 힘을 내어 적극적인 액션을 취해보세요. 무작정 모르는 사람에게 다가가 말을 걸라는 뜻이 아닙니다. 상대에게 열려 있다는 것을 적극적으로 표현하라는 얘기입니다.

가장 좋은 방법은 경청입니다. 말을 잘하는 것보다 잘 들어주는 것이 훨씬 더 효과적입니다. 이것이야말로 적극적인 의사소통입니다. 타인의 이야기에 귀를 기울이고, 적절한 호응으로 상대에게 관심이 있음을 표현하는 것도 효과적이지요. A의 경우에는 이러한 행동 변화가 필요합니다.

B씨는 "좋은 사람과 진지하게 연애하고 싶어요"라고 고백합니다. B는 매번 좀 더 진지한 연인 사이로 발전하지 못하는 것이 고민입니다. 누군가와 막상 사귀게 되어도 길게 이어지지 못합니다. 믿음직한 사람과 안정적인 연애를 하고 싶어합니다.

B에게 있어 연애운이 상승한다는 건 어떤 의미일까요? '안정적인 연애를 오래 유지하는 것'입니다. 연애를 오래 하길 원한다면 상대방 또한 쉽게 사람을 만나고 헤어지는 유형이어서는 안 되겠지요. 사람을 만나는 데 신중함이 조금 더 필요합니다.

그리고 지속적인 만남을 위해서는 완급 조절이 필요합니다. 연애에 지나치게 몰입하면 오히려 관계가 오래 지속되지 않을 때가 많으니까요. 자기 감정만 알아달라며 강요하지 말고, 상대의 감정도 배려해야 합니다. 이것이 B의 연애운을 올리는 적절한 행동입니다.

연애운을 올리는 방법에 별것이 있을까요? 데이트 어플을 사용하는 것도, 부적을 갖고 다니는 것도 추천하지 않습니다. '내가 원하는 사람을 만나 원하는 형태의 연애를 하는 것'이 진정한 연애운이라면 지금 드리는 조언 이상은 없다고 확신합니다. 가장 기본 중의 기본이자 핵심이니까요.

연애 유형은 무한합니다. 자신이 원하는 이상적인 연애 유형을 '최대한' 구체적으로 생각해보세요. 그리고 그것을 위해 적절한 행동을 하고 있는지 스스로 점검해보기를 바랍니다.

일이 너무 잘 풀려서
불안하다면

때때로 지나치게 일이 잘되면 오히려 불안해하는 사람을 보게 됩니다.

"이거 너무 일이 잘 풀리니까 불안한데?"

"내가 이렇게 잘될 리가 없는데 이상하네."

이런 사람은 아무런 문제가 생기지도 않았는데 '이렇게 계속 잘될 리가 없어'라고 제멋대로 생각하고 불안해합니다. 세상은 균형을 맞추도록 되어 있다고 많이들 생각합니다. 그러나 좋은 일이 생긴다고 그만큼 나쁜 일이 생기는 것은 아닙니다. 몇 번이나 되풀이해서 이야기하지만, 바라는 것이 있고 그에 맞는 생각과 행동을 하면 결국 걸맞은 결과를 얻을 뿐입니다.

평소에 낭비가 심하고 돈을 소중하게 여기지 않는 사람이 있다고 합시다. 그런데 어느 날 복권에 당첨되어 부자가 됩니다. 하지만 그 많던 돈은 순식간에 사라져버리고 맙니다. 실제로 우리는 복권에 당첨된 후 오히려 가정이 파탄이 나거나 재산을 모두 잃은 사람들의 이야기를 종종 접합니다.

복권에 당첨됐지만 돈을 귀하게 여기지 않는 생각, 낭비하는 습관 등 기본적인 '사고와 행동'이 잘못됐으니 결과가 좋지 않은 것이지요. 그런 사고와 행동을 버리지 않는 한, 그 사람은 다음에 또 복권에 당첨된다 하더라도 같은 결과를 맞을 것입니다.

결국에는 일이 잘되는 것도, 잘못되는 것도 생각과 행동의 결과일 뿐입니다.

시험에 붙었나요?
원하는 사람을 만났나요?
뜻대로 일이 잘 풀리고 있나요?

그런 좋은 일이 생겼다면 불안해하지 말고 이렇게 생각하세요. '내가 노력한 덕에 이런 결실을 이렇게 맺는구나' 하고요. 좋은 일이 생겼다면 '지금 내가 제대로 생각하고 행동하고 있구나'라고 느끼면 됩니다. 그간 포기하지 않고 달려온 자신을 칭찬해주세요. 그런 후 묵묵히 앞으로 나아가면 됩니다.

3장

정신과 의사의 진단 2

부정적인 감정이
나쁜 운을 부른다

"나는 왜 이렇게 일이 안 풀릴까?"
"나는 운이 나빠."

혹시나 스스로에게 이런 말을 자주 하고 있다면
이번 장을 특별히 잘 봐주기를 바랍니다.
본인이 운 나쁜 사람들의
전형적인 특징을 갖고 있는지 살펴보세요.

부정적인 마음, 부정적인 행동이
행운을 불러오기는 어렵습니다.
이 단순하고 기본적인 것을
많은 사람들은 놓치고 살지요.

여러분은 어떤가요?

매번 운이 나쁜 사람들의
공통점

"왜 나는 뜻대로 되는 일이 없지?"

늘 운이 없다며 툴툴대는 사람들이 있습니다. 그들을 한번 지켜보세요.

"시험에 늘 떨어지는 것을 보니 나는 운이 없어."

"몇 년이나 좋은 사람을 못 만나는 것을 보니 나는 운이 없나 봐."

"영어 공부를 6개월째 하고 있는데 토익 점수가 전혀 안 올랐어. 나는 운이 없어."

운이 나쁜 사람은 크게 세 가지 유형으로 나눌 수 있습니다.

첫째, 자신의 기준, 즉 우선순위가 없는 사람
둘째, 생각이 잘못된 사람
셋째, 행동이 잘못된 사람

먼저 자기 '기준'이 없는 사람에 대해 살펴보겠습니다. 기준이 없는 사람은 무엇이 가장 중요한지 모르기 때문에 이리저리 흔들리기 쉽습니다. 즉 우선순위를 제대로 알지 못한다는 뜻입니다.

예를 들어 일주일 뒤에 중요한 시험이 있습니다. 그런데 오늘 친구 생일 파티가 있군요. 이때 우선순위는 무엇입니까? 당연히 시험입니다. 그런데 몸은 이미 생일 파티 장소로 향하고 있다면 기준을 잃은 것입니다.

어떤 사람은 결혼하고 싶다고 막연하게 생각합니다. 그런데 아무리 봐도 그저 연애하고 노는 게 목적인 사람들과 자주

어울립니다. 이것도 자신의 기준이자 우선순위가 잘못된 예라 할 수 있습니다.

자신의 기준을 명확하게 정리하세요. 그리고 더 중요한 것이 있습니다. 이를 분명하게 인지하는 것입니다. 우선순위를 정하는 것은 첫 단추에 해당합니다. 우선순위를 스스로 명확하게 인지하는 것이 굉장히 중요합니다.

둘째는 '생각'입니다. 자신의 기준이 확실하게 세워져 있다고 해서 저절로 문제가 해결되진 않습니다. 목표를 향해서 나아가기 위한 생각이 잘못되어 있으면 역시나 바라는 대로 일이 풀리지 않습니다.

예를 들어 결혼을 원한다고 합시다. 그래서 그동안 많은 시간을 소비했던 사교성 모임은 줄이고, 대신 진지한 만남을 오래 지속할 수 있는 사람을 찾기로 합니다. 결혼을 위해서는 취미, 취향이 잘 맞는 것이 중요하므로 와인 동호회에 나가 좋은 사람을 찾습니다. 그런데 누구와도 잘 교류하기가 어렵습니다. 왜일까요?

너무 완벽한 사람을 찾으려 하기 때문입니다. 키는 180센티미터 이상이었으면 좋겠고, 나보다 더 좋은 대학을 나왔으면 좋겠고, 직업은 대기업 회사원이나 전문직이었으면 좋겠다는 생각으로 사람을 찾고 있으니 될 리가 없지요. 앞에서도 말했지만 바라는 것은 '최소한'이어야 합니다. 어느 조건 하나 포기하지 않으려 하는 건 욕심입니다.

세 번째는 '행동'입니다. 기준이 명확하고 목표에 맞는 생각을 가졌다 하더라도 행동이 잘못될 수 있습니다. 무슨 말일까요?

예를 들면 학원에 가서 공부하는 편이 합격률이 높은 자격증 시험인데 독학으로 공부하는 경우입니다. 충분히 알아보지 않고 무작정 이직을 해서 뒤늦게 나와 맞지 않는 회사라는 것을 깨닫는 경우도 있겠네요.

이런 일은 대부분 정보 검색이 부족해서 생깁니다. 제대로 된 방법만 알고 실행하면 쉽게 풀릴 수 있는 일을 스스로 어렵게 만들고 있는 것이지요.

이런 일을 사전에 예방하기 위해서는, 앞에서 말씀드렸던 미래노트를 정기적으로 작성하는 것이 효과적입니다.

'역시 나는 안 돼'라는
생각에 빠져 있다면

운이 나빠지는 것은 일이 잘되지 않는 것과 같습니다. 이럴 때 부정적인 기분의 악순환이 일어나기도 합니다. 바꿔 말하면 슬럼프라고 할 수 있습니다. 슬럼프 과정을 살펴보면 다음과 같습니다.

일이 잘되지 않는다.

↓

무엇을 해도 자신은 잘되지 않을 거란 생각이 들기 시작한다.

↓

'틀림없이 이번에도 잘되지 않을 거야'라고

자기 자신에게 암시한다.

↓

불안해진다.

↓

일이 꼬이고 잘되지 않는다.

↓

나는 '역시 안되는구나'라고 확신한다.

이런 흐름으로 부정적인 기분의 악순환, 즉 슬럼프에 빠지게 됩니다. 말하자면 부정적인 학습 효과입니다. 여기서 빠져나가려면 이 과정 중 어딘가를 바꿀 필요가 있습니다.

간단하게 '틀림없이 이번에도 잘되지 않을 거야'라는 부분을 끊어내면 됩니다. 슬럼프에서 빠져나가는 가장 빠르고 좋은 방법은 바로 다음과 같습니다.

일이 잘되지 않을 때는
의식적으로 '멈춤'을 만드세요.
부정적 사고의 고리를 끊는 것입니다.

부정적인 학습은 사소한 조건 학습으로 이루어집니다. 파블로프의 개에 대해 생각해봅시다. 벨이 울리면 먹이가 나오는 조건을 학습한 개는 벨이 울리기만 해도 침을 질질 흘립니다.

마찬가지로 '나는 이걸 해도 잘되지 않을 거야'라고 학습해버리면 할 수 없다는 생각이 더욱 강하게 작용합니다. 그래서 결국에는 하지 못하게 됩니다.

일이 잘되지 않을 때 잠시 시간을 두는 행동은 파블로프의 개 실험에서 벨이 울려도 먹이가 나오지 않게 하는 것과 같은 원리입니다.

신규 프로젝트를 맡았는데 기획안 통과가 쉽지 않습니다. 수정해서 올렸는데 또 반려되었네요. 그럴 때 이런 생각이 자동적으로 떠오릅니다.

'역시 나는 안되는구나. 이번 프로젝트도 망했어.'

프로젝트의 길고 긴 과정 중에서 이제 겨우 기획안 단계일 뿐인데 벌써 망했다는 생각이 고개를 듭니다.

이럴 때에는 자동화된 부정적 사고의 고리를 끊어야 합니다. 강제로 생각을 멈추세요. 잠시 시간을 두고 그런 생각을 떨쳐버리세요. 하루 정도 프로젝트 걱정을 멈추거나, 그마저도 어렵다면 최소 한 시간이라도 다른 일을 하며 머리를 환기하세요. 옥상에 올라가 바람을 쐬어도 좋습니다.

어느 정도 시간이 흐르면 자동화된 부정적인 사고의 고리가 느슨해집니다. 이때 마음을 다잡으세요.

'전에는 잘되지 않았지만 이번에는 다를 수 있어.'

'기획안이 한 번에 통과되면 좋겠지만 사실 그러기가 더 쉽지 않지. 초반에 잘 다듬어야 결과가 좋을 거야.'

그렇게 다시 도전해서 일이 잘되면 그걸로 충분합니다.

운을 나빠지게 하는
부정적인 감정들

앞서 이야기했듯이 부정적인 생각과 감정에 사로잡히면 좀처럼 그 안에서 벗어나기 어렵습니다. 여기에서는 부정적인 감정에서 벗어나 운을 좋게 만드는 법을 소개하겠습니다.

하나, 불안을 느낄 때입니다.

불안을 느끼고 있을 때는 대부분 '나쁜 일이 또 일어나지 않을까?', '무슨 일을 해도 잘되지 않을 것 같은데' 등등의 생각이 항상 머릿속에 있습니다. 실제로 아무런 근거가 없다는 걸 알지만 불안감을 떨쳐버릴 수가 없습니다. 이런 경우 시야가 좁아지고 '다양한 가능성'에 대해 생각할 여유가 사라져버립니다.

불안이라는 감정에 갇힌 상태이기 때문에 그럴 때는 감정 상자에서 벗어나는 게 중요합니다. 가까운 공원에 가서 산책을 하든지, 요리를 하든지, 오프라인 매장에서 쇼핑을 하든지, 조금 더 적극적이고 액티브한 몸의 활동으로 불안이라는 감정 상자에서 벗어나기를 권합니다.

둘, 분노를 느낄 때입니다.

분노는 원시적인 감정이라고 합니다. 애초에 '분노'라는 것은 그 자리에서 공격해야 할 상대가 있을 때 끓어오르는 감정입니다. 즉 공격해야 할 타이밍이란 원래 그 순간뿐입니다. 그래서 잠깐 시간을 두면 분노는 사그라지게 마련입니다. 실제로 분노가 몇 분도 채 가지 않고 어느새 사라져버리는 경우도 많습니다. 화가 날 때는 일단 그 자리에서 벗어납니다. 단지 벗어나는 것만으로도 기대 이상의 효과를 얻을 수 있습니다.

셋, 고독을 느낄 때입니다.

고독이라는 것은 그 범위가 넓기 때문에 여기에서는 '외롭다'라는 감각만 떼어놓고 생각하겠습니다. '외롭다'라는 감각이 고개를 들이미는 순간은 대부분 우울한 상태입니다.

외롭기 때문에 우울한 것이 아니라

우울하기 때문에 외로운 것입니다.

주위 환경은 아무것도 변하지 않았는데 어쩐지 외로워지는 시기와 외롭지 않고 그런 대로 괜찮은 시기가 존재합니다. 말하자면 감정의 파도 같은 것이기 때문에 잠깐 시간을 두기만 해도 괜찮아집니다.

여러 가지 일을 지나치게 많이 하면 뇌의 기능에 여력이 없어져서 부정적인 감정이 일어나기 쉬운 환경에 놓이게 됩니다. 갑자기 외로움을 느낄 때는 지나치게 많이 활동하지 않는 것도 중요합니다.

넷, 자기 자신을 타인과 비교할 때입니다.

나와 타인을 비교하는 순간 '남들에 비해 나는 어떤가?'라는 시점으로 움직이게 됩니다. 즐거울 리가 없지요. 예를 한번 들어보겠습니다.

여행을 간다고 합시다. 원래는 '여행하고 싶다'라고 스스로 생각하고 선택한 것이니 그냥 즐기면 됩니다. 하지만 타인과 비교하는 사람은 '남들은 연휴에 해외로 가는데 나는 겨우 국내야'라고 생각합니다. 이래서는 당연히 즐겁지 않습니다.

설령 남들과 비교해서도 자랑할 만한 여행을 했다 하더라도, 그뿐입니다. SNS에 멋진 크루즈 사진을 올리며 '이번 여행은 사람들이 부러워하겠지?'라며 으쓱해하지만 그뿐입니다. 냉정하게 말해 그저 혼자 우쭐하는 것에 불과합니다.

'스스로 즐긴다', '내가 하고 싶기 때문에 한다'라는 생각이 중요합니다. 온전히 즐기고 싶은 마음이 있다면 저녁 시간에 산책을 하고 주말에 근교에서 자전거 여행을 하는 것만으로도 충분히 만족할 수 있습니다.

　다섯, 집착하고 있을 때입니다.

　무언가에 집착하는 것은 어느 정도는 어쩔 수 없는 부분이
라고 생각합니다. 특히 젊었을 때는 더욱 그렇습니다. 활기차
게 이것저것에 집착하기 때문에 살아가는 에너지가 넘치는
면도 분명 있습니다. 하지만 에너지가 넘치는 만큼 그 에너지
가 자기 자신을 괴롭힐 때도 있습니다.

　쉽게 말해서 집착은 동기부여도 되지만 괴로움도 됩니다.
집착 때문에 옴짝달싹 못 할 정도로 괴롭다면, 그 밑바닥에 깔
려 있는 집착을 살짝 놓아버리면 됩니다.

　집착하고 있을 때는 생각도 감정도 집착하는 대상으로 향
할 수밖에 없습니다. 그렇게 되면 평소에 집중해야 하는 생각
이나 일에서 멀어집니다. 지금까지 여러 번 이야기했기 때문
에 이해가 잘 가실 겁니다. 결국 운도 안 좋아지게 되지요.

여섯, 자신을 좋아할 수 없게 되었을 때입니다.

자신을 좋아할 수 없다고 생각하는 사람의 가장 큰 문제점은 '나는 무엇을 해도 잘되지 않아'라고 단정하는 것입니다. 스스로 부정적인 암시를 주는 것과 마찬가지입니다. 실패했던 것만 기억하면서 어떤 일을 하든 '잘될 리가 없잖아'라며 단정해버리기 때문입니다.

그렇다고 해서 '나는 스스로가 좋다'라고 일일이 의식하는 것도 역시 조금 곤란하다고 할 수 있습니다. 적절한 생각은 다음 정도가 될 것입니다.

좋은 것도 싫은 것도 아니다.
나는 나일 뿐이다.

스스로가 좋다고 일일이 의식하는 것은 자신의 싫은 점에 대한 반작용인지도 모릅니다. '자기 자신이 싫다'와 '자기 자신이 좋다'는 결국 뿌리가 같습니다.

일곱, 자꾸 후회될 때입니다.

후회라는 것은 기본적으로 나쁜 게 아닙니다. 사람은 누구나 실수도 하고 실패도 합니다. '그때 그렇게 했으면 좋았을 텐데'라고 생각할 수 있습니다.

하지만 후회는 개선을 위해서 존재하는 것입니다. 과거를 되돌아보고 미래를 준비하기 위한 것이지요. 시선은 앞을 향하고 있어야 합니다. 그렇게 하지 않으면 후회를 위한 후회를 하게 됩니다. 계속해서 과거를 후회하면서 안절부절못하는 것은 그저 자기만족일 뿐입니다.

'그때는 후회했으니까 이번에는 이렇게 해야지. 두 번 다시 후회하고 싶지 않아'라는 식으로 밝고 긍정적인 방향으로 후회한다면 운도 좋아지지 않을까요.

여덟, 자신을 탓하는 습관이 있을 때입니다.

"제가 잘못해서 이렇게 된 것 같네요."

"제가 좀 더 잘했더라면 이렇게 되진 않았을 텐데…."

언뜻 보아선 겸손한 사람 같을지도 모릅니다. 하지만 매번 일이 잘못될 때마다 자신의 탓으로 돌리고 있다면, 그건 과연 무엇일까요?

매번 자신의 탓으로 돌리는 것은 회피입니다.
문제의 본질을 마주하지 않으려는 일종의 도피입니다.

자기 자신을 탓하기만 해서는 문제가 해결되지 않기 때문에, 어떤 의미에서는 문제와 제대로 마주하지 않았다고 할 수 있습니다.

자기 자신을 탓하기만 하고 끝내서는 안 됩니다. 탓하고 나서 앞으로 나아가는 것이 중요합니다.

나쁜 운을 빨리 정리하고
좋은 운을 여는 법

나쁜 일이 일어나는 것은 대부분 우연입니다. 하지만 이런 일이 너무 오래 계속되면 '나는 뭘 해도 잘 안되는구나'라고 믿게 됩니다.

믿음의 힘이라는 것은 결코 무시할 수 없습니다. 이 힘을 긍정적인 변화에 쓰는 것이 중요합니다.

'나는 할 수 있다!'라고 생각하면 진짜 할 수 있습니다. '나는 지금 뭘 해도 잘 안되는구나'라고 믿으면 정말로 하지 못할 때가 종종 생기게 됩니다.

이럴 때 흐름을 바꾸는 몇 가지 방법이 있습니다.

첫째, '지금'에서 벗어나세요.
"나는 지금 뭘 해도 안되는구나."
이 말에 대해 생각해봅시다. 이 말 안에 나쁜 운에서 빠져나오는 힌트가 있습니다. 찾으셨나요? 힌트는 '지금'이라는 부분입니다.

사람은 시간이나 장소와 연결해서 생각하는 습관이 있습니다. 나쁜 일이 이어진다고 생각될 때는 저절로 '지금은 나쁠 때'라고 연관 지어 생각하게 됩니다. 그러니 나쁜 일이 이어진다고 느끼면 '지금'에서 벗어나도록 합니다.

그럴 땐 아무것도 하지 마세요.
지금 하지 않아도 되는 일은 하지 않습니다.

이것이 바로 나쁜 운에서 빠져나오는 한 가지 방법입니다.

하지만 지금 꼭 해야만 하는 일도 있기 마련이지요. 때문에 다른 방법도 알려드리겠습니다.

둘째, 흐름이 바뀐다고 믿으세요.

나쁜 운에서 빠져나오는 다른 방법은 '흐름이 바뀐다고 믿는 것'입니다. 예를 들어 잠들기 전에 '어제는 나쁜 날이었다'라고 생각합니다. 그리고 아침에 일어나면 '오늘은 어떤 날일까?'라고 생각합니다.

어제는 어제, 오늘은 오늘,
분명하게 하루라는 단위를 나누어서
생각하는 겁니다.

어제와 오늘의 운의 흐름이 다르다고 믿으면 됩니다. 오늘 나빴던 운의 흐름이 내일은 좋게 바뀔 거라고 믿는 것입니다. 오늘은 오늘, 내일은 내일, 이렇게 의도적으로 생각하는 것이 좋습니다.

예를 들어 "오늘은 그만하기로 하고 내일 다시 하자"라며 하던 일을 정리하는 것이지요.

만약 그렇게 하는 게 어렵다면 교회나 절에 가보거나 필요 없는 물건을 버리는 것도 좋습니다. 이런 식으로 흐름을 바꾸기 위한 계기를 스스로 마련하는 것도 효과적인 방법입니다.

셋째, 결과를 신경 쓰지 않는 것도 중요합니다.

'꼭 잘되어야 해'라며 지나치게 부담을 가지면 오히려 일이 잘되지 않습니다. 밤에 잠이 오지 않을 때 '빨리 자야 하는데'라고 자꾸 생각하면 마음이 조급해져서 오히려 잠이 오지 않는 것과 같은 원리입니다. 잠이 안 올 때는 '뭐, 딱히 잠이 안 와도 되지 않나?'라고 생각해보세요. 그러면 오히려 마음이 편해져서 어느새 잠들어버릴 때도 있습니다.

'일이 잘되지 않아도 괜찮지 않나'라고 마음을 바꿔먹는 것도 운의 흐름을 바꾸는 방법 중 하나입니다. 지금 이야기한

'계기를 스스로 마련한다', '결과를 신경 쓰지 않는다'라는 것은 결국 '흐름에 몸을 맡기는 것'입니다.

운 좋은 사람이 정해져 있다면
노력이 무슨 소용인가요?

"왜 저 사람만 잘되는 거지?"

"운 좋은 사람이 정해져 있다면 지금 내가 이런 노력을 해
서 무슨 소용이야?"

스스로 운이 없다고 생각하는 사람들이 흔히 하는 말입니
다. 이런 불만이 쌓이고 쌓이면 상대에 대한 질투심이 생길 수
밖에 없지요. 더 나아가선 박탈감이 생기고, 아무것도 하고 싶
지 않습니다.

하지만 남을 부러워하는 사람들은 늘 그 사람의 결과만을 볼 뿐입니다. "온천을 찾았다!"라며 기뻐하는 누군가를 보고 부러워하고 허탈해하지만 수개월간 땀과 진흙 범벅으로 땅을 파내려간 노력과 끈기, 고통의 과정은 알려고 하지도, 인정하지도 않으려 합니다.

　　운이 좋은 사람을 그저 타고난 행운아로 정의하지 마세요. 운이 좋은 사람은 행운을 정확히 자신의 손으로 움켜쥐기 위해, 행운을 놓치지 않기 위해 꾸준히 노력해온 사람입니다.

　　남을 부러워할 시간에 자신의 목표에 집중하세요. 자신도 목표를 향해 꾸준히 노력을 쌓아나가면 됩니다. 그렇지 않으면 질투하느라, 운 탓으로 돌리느라 자신의 목적에서 점점 멀어지기만 할 뿐입니다. 결국 손해 보는 것은 자기 자신입니다.

4장

정신과 의사의 처방

좋은 운은
좋은 사람과 함께 온다

정신과 의사는 결국 운을 '생각과 행동'의 결과로 봅니다.

본인이 어떤 생각과 행동을 하느냐에 따라

운이 좋고 나쁠 수밖에 없다고 보는 것이지요.

그런데 여기서 아주 중요한 사실이 하나 있습니다.

운은 사람과 함께 온다는 것입니다. 무슨 말일까요?

나의 생각과 행동은 나의 노력에 달려 있기도 하지만

동시에 주위 사람들의 영향을

대단히 크게 받습니다. 그래서 주위 사람들이

너무나 중요하다는 얘기를 하는 것입니다.

다시 말해 주위 사람들의 존재는

나의 운과 대단히 밀접하게 직결되어 있다는 것이죠.

단순히 인간관계가 힘들다, 어렵다의 문제가 아닙니다.

주변에 어떤 사람이 있는가는

나의 미래를 좌우하기도 합니다.

바로 내 옆에 있는 사람이
운을 좌우합니다

분명 많은 시간을 들여 이리저리 고민하던 문제였는데 주변 사람 하나가 가볍게 던진 조언이나 권유로 쉽게 마음을 결정해버린 적이 있지 않나요? 곰곰히 생각해보면, 옆에 있는 사람의 말 한마디에 따라 내 인생이 좌지우지되기도 합니다.

이 말은 내 옆에 있는 사람, 가까이 지내는 사람에 따라 운이 달라진다는 뜻이기도 합니다. 즉 생각과 행동이 바르고 좋은 기운을 가지고 있는 사람과 함께할수록 운이 좋아질 수 있습니다.

누구와 친하게 지내는가에 따라
생각과 행동이 변화하기 때문입니다.

실제로 둘러보세요. 뭘 해도 잘되는 사람, 성공하는 사람,
일이 잘 풀리는 사람들은 그들끼리 함께합니다. 정보를 주고
받고, 동기부여를 해주고, 에너지를 공유합니다. 서로가 서로
를 끌어줍니다.

하는 일마다 잘되지 않는 사람은 어떤가요? 모여서 한탄만
합니다. 세상을 욕하고, 잘되는 사람들을 시기하고, 자신의 운
이 없음을 안타까워하는 데 시간과 에너지를 쏟습니다.

설사 누군가가 건설적인 방향으로 조언을 해주어도 귀를
틀어막습니다.
"어휴, 저도 해봤는데 생각만큼 잘 안되더라고요."
"그거 텔레비전에서 어떤 전문가가 안 좋게 얘기하던데, 진
짜 확실한 거예요?"

"제가 구독하는 유튜버가 그러는데요. 그런 거 하면 망한대요."

이미 그들의 머릿속에는 '안된다'는 스위치가 켜져 있습니다. 실행해보지도 않았고, 제대로 알아보지도 않았지만, 이미 그들의 노트에는 ×표가 그어져 있습니다.

그렇다면 어떤 사람과 함께하는 것이 좋을까요? 어떤 사람과 가까이 지내면 운이 좋아질까요? 가장 빠르게 알 수 있는 신호는 다음과 같습니다.

그 사람과 함께해서 좋은 일이 늘어났는가?
그 사람과 함께해서 긍정적인 에너지를 얻었는가?

일이 잘 풀리는 사람 곁에 있으면 같이 잘 풀릴 가능성이 아무래도 높습니다. 잘 풀리는 사람은 긍정적인 에너지를 갖고 매사 적극적으로 일을 도모할 가능성이 높기 때문입니다. 늘 세상 탓만 하는 사람 옆에서 잘될 가능성은 낮겠지요.

혹시 이 이야기를 듣고 떠오르는 사람이 있나요? 만나면 늘 부정적인 얘기만 나누게 되고, 헤어지고 나면 뭔가 찜찜한 느낌이 가득한 사람이 있다면 한번 진지하게 고민해보길 바랍니다. 나는 그 사람과 함께하는 것이 좋은가, 하고요.

확인해야 할 포인트는 역시 상대의 '생각과 행동'입니다. 자기중심적인 사람이거나 도덕성이 낮은 사람과 친하게 지내면 자연스럽게 '나도 그래도 될까' 하는 생각이 들 수밖에 없습니다.

친하게 지내는 상대가 성실하고 매사에 적극적인 사람이라면 나 역시 비슷하게 생각하기 마련입니다. 상대가 어떤 사람인지는 아주 중요한 포인트입니다.

좋은 운을 갖고 오는 사람이
포르쉐를 타고 오는 건 아닙니다.
화려한 명품을 두르고 나타나지도 않습니다.
중요한 건 그 사람의 생각과 행동입니다.

자신의 생각과 행동이 스스로의 운을 좌우하는 그 이상으로, 함께하는 사람이 어떻게 사고하고 행동하는지 역시 나의 미래를 좌우하는 법입니다.

아무래도
가까이 지내서는
안 되는 사람

생각과 행동에 문제가 있는 사람과는 거리를 두는 편이 좋습니다. 그중에서도 반드시 거리를 두어야 할 대표적인 유형을 몇 가지 소개하겠습니다.

첫째, 자기만 좋으면 그만인 사람입니다.

자기만 좋으면 그만인 사람은 주변 사람들을 함부로 이용할 가능성이 높습니다. 그 방식이 일상적이면서도 교묘해서, 이미 이용당하고 있는데도 스스로 깨닫지 못하고 있을지도 모릅니다.

흔하게는 감정 쓰레기통으로 쓰이는 경우입니다. 힘들 때마다 당신을 자주 찾는 친구 또는 가족이 있나요? 만날 때마다 부정적인 얘기, 하소연, 투덜거림을 들어주고 있진 않나요? 이런 이야기를 듣다 보면 어마어마한 에너지가 소모됩니다. 그럼에도 오히려 '내가 절친이니까 나를 찾는 거겠지', '나를 믿으니까 나에게만 저런 얘기를 하는 걸 거야' 하며 스스로 뿌듯해하고 있지는 않나요?

그 사람이 좋은 일이 있을 때도 자신을 찾는지 한번 살펴보세요. 반대로 내가 필요해서 그 사람을 찾았을 때 그가 어떤 액션을 취하는지도 살펴보세요. 관계의 균형이 어느 정도 맞춰지고 있다면 일방적인 착취는 아닙니다. 하지만 그렇지 않다면, 균형이 심각하게 무너진 상태라면 역시나 이용당하고 있는 건 아닌지 스스로 점검해볼 필요가 있습니다.

자기만 좋으면 그만인 사람은 상대를 이용하기도 하지만, 잘못된 생각을 전염시키는 역할도 합니다. 함께 있다 보면

'뭐 그 정도는 괜찮겠지'라며 점점 당신의 생각에도 영향을 미치게 되지요.

　예를 들어 동료 중에 사무실 비품을 구입할 때마다 개인적으로 가지고 싶었던 물건을 한두 개 슬쩍 끼워넣어 주문하는 사람이 있다고 합시다. 처음에는 '저렇게 행동하면 안 되지'라고 생각하지만 오랫동안 가까이에 있으면 생각이 물들 수밖에 없습니다. 어느새 '저 사람도 하는데 나라고 못할 건 없지 않나?', '한두 개 정도는 괜찮겠지'라고 생각하게 되지요. 하지만 엄연히 횡령에 해당하는 정직하지 못한 행동입니다. 이렇게 비뚤어진 생각과 행동을 계속 접하면 나 역시 무뎌지게 됩니다. '유유상종', '근묵자흑'이라는 말이 그냥 있는 게 아닙니다.

　둘째, 당신의 생각을 빼앗는 사람입니다.
　생각을 빼앗는다니 무슨 말일까요? 다음과 같이 말하는 사람이 있다면 경계 대상 1호입니다.

"너는 그런 거 못하잖아."

"그건 내가 할 테니까 너는 가만히 있어."

이렇게 자주 말하는 사람이 당신 근처에 있다면, 정말 최악입니다. 이 사람은 당신이 스스로 생각하고 행동하는 것을 방해합니다. 자기부정에 빠지게 하는 것도 문제입니다만, 더욱최악은 상대에게 의존하게 만들어버리는 것입니다.

만약에 당신 대신에 무엇이든지 해주려고 하는 사람이 있나요? 그냥 도와주는 것이 아니라, 무슨 일이든 믿고 맡기려하지 않고 본인이 대신하는 사람이 있다면 최대한 가까이하지 않는 편이 좋습니다. 처음에야 뭐든 대신 해주니 고맙기도하고 편하다고 생각할 수도 있습니다. 하지만 그런 일이 계속되면 본인은 바보가 됩니다.

그런 사람과 있다 보면 나도 모르게 '나는 이 사람이 없으면 아무것도 할 수 없다'라고 믿어버리는 경우가 많기 때문에 상당히 위험합니다. 그것은 일종의 세뇌이고 의존입니다. 제대로 된 사람이라면 당신의 생각을 빼앗지 않고 응원한다는 것을 기억하세요.

좋은 사람과
잘 지내고 싶다면
잊지 말아야 할 것

좋은 운은 좋은 사고와 습관에서 옵니다.
또한 중요한 것은 '좋은 운은 좋은 사람과
함께 온다'는 사실입니다.

잘 풀리는 사람 옆에서 긍정의 에너지를 얻고, 순탄하게 일
이 되어가는 과정을 지켜보며 체험으로 배워가는 것은 좋은
운을 만드는 가장 빠르면서도 확실한 방법입니다.

주위에 그런 사람이 있나요? 있다면 정말 소중하게 생각하

길 바랍니다. 그리고 앞으로도 오랫동안 함께할 수 있도록 노력해야겠지요.

그러려면 어떤 방법이 있을까요? 너무 당연한 얘기지만 그러한 사람을 인지하고 소중하게 생각하면 되겠지요. 좋은 사람을 가까이 두고 싶다면 그만한 노력을 해야 합니다. 저절로 되는 일은 없는 법이에요.

많은 내담자들이 인간관계를 주제로 찾아오는데요. 듣다 보면 참으로 안타까운 점이 있습니다. 좋은 관계를 맺고 싶다고 말은 하면서 그것을 위해 스스로 노력할 생각은 없는 경우가 대다수입니다.

정신과 의사 입장에서 봤을 때 인간관계를 위해 필요한 기본은 관점과 분석입니다. 다른 사람과 계속 잘 지내는 중요한 방법으로 다음 두 가지를 소개합니다.

하나, '내가 상대방이라면 어떻게 생각할까?'라는 관점입니다.

입장을 바꿔 생각할 줄 아는 것은 중요합니다. 역지사지의 중요성은 누구라도 이해할 거라 생각합니다. 다만 실천이 어렵고 쉽게 잊히는 게 문제지요. 부단히 노력해서 의식하지 않으면 의외로 잊게 됩니다. 사이좋게 지낼 거라 믿었는데 본인 뜻과 상관없이 멀어지게 되는 경우는 대부분 여기에 해당합니다.

나는 '이 사람과 있으면 즐겁다!'라는 생각만 할 뿐 상대가 얼마나 나를 배려하고 있는지는 인지하지 못하는 것입니다. 그러다 소홀하게 여기고, 상대도 나와 있을 때 즐거운지는 전혀 신경 쓰지 않습니다. 그렇게 되면 상대방은 점점 당신과 함께 어울리고 싶지 않게 되겠지요.

"뭐 먹고 싶어?"
"난 아무거나 좋아."
"그럼 내가 먹고 싶은 걸로 시킬게."
이런 일이 반복되다가 어느 날부터는 아예 친구에게 물어

보지도 않고 음식을 시키는 일이 생길지도 모릅니다.

내가 편할 때 불러내면 늘 나와주던 친구이니 이번에도 그러겠지, 하는 안이한 생각에 "지금 한가하지? 우리 집 근처로 나와"라며 상대의 입장은 확인하지도 않는 일이 생길 수도 있습니다. 좋은 사람을 잃는 가장 빠른 길이지요.

둘, '상대가 어떤 사람인가?'라는 분석입니다.

상대방은 나와 같은 가치관을 갖고 있지도 않고, 나와 같은 행동을 하지도 않습니다. 나는 외출하는 것을 싫어하지만 상대는 좋아할지도 모릅니다. 나는 일정을 정확히 계획해서 움직이는 것을 좋아하는데, 상대는 즉흥적으로 움직이는 것을 좋아할지도 모릅니다.

상대가 어떤 사람인지 생각하고 배려해준다면 설령 그것이 어긋날지라도 '아, 이렇게까지 신경을 써주고 있구나'라는 마음이 전해져서 두 사람의 관계는 좋아지게 됩니다.

관계가 무너지는 순간은 그와 반대되는 생각과 행동을 하고 있을 때입니다. 상대의 입장에서 생각하지 않는 사람은 타인과 어떤 문제가 생겼을 때 '상대가 나쁘다'라는 생각만 하게 됩니다.

상대가 어떤 사람인지 생각하지 않는 사람은 상대의 말과 행동이 자신의 기대와 어긋나면 용납 못 하게 되지요. 그래서 상대와 계속 잘 지내지 못하는 것입니다.

싫은 사람과 억지로
관계를 쌓지 마세요

좋은 운을 주는 사람이 있다면 나쁜 운을 주는 사람도 있겠지요? 나에게 금전적이든 육체적이든 정신적이든 피해를 주는 사람이 있다면, 그는 당연히 나쁜 운을 주는 사람입니다. 우리는 불행한 일이 일어나기 전에 그런 사람을 미리 체크할 필요가 있습니다.

아무래도 싫은 사람, 왠지 마음이 불편한 사람,
이유 없이 거슬리는 사람이 주위에 있습니까?
'싫어한다'라는 기분을 느끼기만 해도

운을 나쁘게 만든다고 생각합니다.

그런 기분은 그냥 생기지 않습니다. 의식하지 못하지만 충분히 그럴 만한 이유가 있기 때문에 나의 몸이, 마음이 경계심을 가진다고 생각합니다.

싫어하는 사람에 대한 대처법 중에 가장 손쉽고 빠른 방법은 가까이하지 않는 것입니다. 싫어하는 사람인데 억지로 사이좋게 지내려고 애쓰거나 가까이 다가가려는 사람이 있습니다. 그래 봤자 거기에서 얻을 수 있는 것은 없습니다.

'다들 사이좋게 지내야 한다' 또는 '얘기하면 이해해줄 것이다'라는 믿음은 일차원적인 순진한 태도라고 생각합니다. 또한 각자 처한 상황과 위치가 천차만별이기 때문에 '모두가 좋게좋게'라는 식으로는 해결할 수 없는 문제들도 많습니다. 그뿐인가요. 현실에서는 절대로 용납할 수 없는 사람이 분명 존재합니다. 그런 사람과는 가까이 있는 것만으로도 피곤하고 기분이 나빠집니다. 더 실질적인 피해가 오기도 하지요.

그런데도 잘만 얘기하면 상대가 이해해줄 것이란 믿음은 어떤 의미에서는 오만이라고 생각합니다. 나는 이해심이 있고, 상대는 잘못됐다는 전제가 깔려 있기 때문입니다.

싫어하는 사람을 허용하는 방법보다는 지금 좋아하는 사람들을 더욱 아끼는 게 중요합니다. 좋은 인간관계를 쌓을 수 있는 환경을 만드는 데에 전념하길 바랍니다.

싫어하는 사람을 허용하지 마세요.
그냥 '관심을 끊는 것'이 가장 좋습니다.
대신 좋아하는 사람과의 관계에 집중하세요.

주위에 있는 좋아하는 사람과 시간을 보내면 자연스레 싫어하는 사람을 점점 의식하지 않게 됩니다. 그거면 됩니다. 싫어하는 사람은 허용할 필요조차 없습니다.

가장 가까운 사람이
나에게 부정적이라면

"왜 이렇게 되는 일이 없을까."

"지긋지긋해. 열심히 해봤자 뭐해."

끝없이 불평과 불만을 터뜨리는 사람들이 있습니다.

"네가 하는 일이 그렇지, 뭐."

"우리 집 사람들은 원래 안돼. 헛꿈 꾸지 말고 너도 정신 차려."

이렇게 '너는 안 될 거다', '잘될 리가 없다'면서 부정적인 생각을 주입하는 사람들도 있지요.

이런 사람들은 당신의 운을 방해하는 사람들입니다. 멀리 해야 하는 첫 번째 유형의 사람들이지요.

그런데 문제는 이런 사람들이 떼려야 뗄 수 없는, 너무나 가까이 있는 사람들일 경우입니다. 가족이나 오래된 친구처럼 가까운 사람들이 그렇게 부정적이라면 가스라이팅을 당하기 쉽습니다.

동반자는 늘 불평, 불만을 터트리고, 부모님은 언제나 잔소리만 하는 등 주위 사람이 부정적인 경우에는 어떻게 하는 것이 좋을까요? 원칙은 다음과 같습니다.

부정적인 말에는 반응하지 않는다.

상대가 부정적인 소리를 하면 뜨뜻미지근한 반응을 보여주거나 가까이 다가가지 않습니다. 절대 마음에 담아두지 말고 한 귀로 흘려버리세요. '또 저러는구나', '본인은 저렇게 생각하나 보다'라며 흘려버립니다.

반대로 긍정적일 때는 좋은 반응을 적극적으로 보여줍니다.
"웬일로 시험을 잘 봤대? 축하해."
"고마워. 언니가 축하해주니까 정말 기쁘다."

'웬일로'라는 말은 그냥 넘기세요. '축하해'라는 말에 집중
하세요. 어쨌든 그 말을 하는 순간 상대의 축하한다는 마음이
진심이라는 점에 집중합니다. 그리고 적극적으로 감사하다는
뜻을 보여주세요.

"축하해줘서 정말 기쁘다" 또는 "언니가 응원해준 덕이야"
라고 말해봅니다. 이런 말을 듣고도 나쁘게 말하는 사람은 많
지 않습니다.

이것은 조건반사적으로 행동함으로써 상대에게 '바라는 행
동'을 촉구하는 방법 중 하나입니다.

가까운 사람이라면 내가 잘되길 바라는 만큼 상대도 잘되기

를 바랄 것입니다. 내 가족, 내 친구가 어려움에 처하거나 계속 일이 잘 풀리지 않는다면 나 또한 거기에서 완전히 자유로울 수 없습니다. 그러니 같이 잘되기를 바라는 것은 당연합니다.

'가까운 사람의 운도 좋아지게 하고 싶다', '상대가 긍정적으로 바뀌었으면 좋겠다'라고 생각한다면 이 또한 의외로 간단합니다.

"네가 전에 이렇게 했을 때 정말 좋았어."
"3차 면접에서 떨어졌다는 건 2차까지 성공이었다는 뜻이잖아. 1차 서류 통과도 못 한 사람이 수백수천 명인 거 알지?"
상대방도 긍정의 포인트에 집중할 수 있도록 도와주면 됩니다.

우리는 자신보다는 타인에 대해서 좀 더 냉정하게 바라볼 수 있기 때문에 그만큼 정확하게 조언해줄 수 있습니다. 하지만 그 조언을 받아들일지 말지는 상대의 몫입니다. 상대가 조언을 받아들일 준비와 자세가 되어 있지 않으면, 억지로 강요해봤자 역효과만 날 뿐입니다.

"나는 이렇게 생각하는데 어떻게 할지는 네가 결정하면 좋겠어."

이 정도로 조언하는 것이 중요합니다.

당신이 상대방의 행동까지 바꿔주기는 어렵습니다. 그러므로 '생각할 기회를 주는 자세'가 중요합니다.

동반자를 찾을 때
반드시 확인해야 할 한 가지

좋은 운을 가져오는 친구를 만나고 싶듯, 이왕이면 좋은 운을 가져오는 동반자를 만나고 싶겠지요.

화려한 보석과 돈을 짊어지고 오는 사람이 좋은 운을 가져온다고 할 수는 없습니다. 돈이야 있으면 좋지만 언제 갑자기 사라질지 알 수 없는 것이니까요. 잘되던 사업이 부도가 나 거리에 나앉을 수도 있는 일이고, 복권에 당첨되어 받은 수억 원의 돈을 하루아침에 탕진하는 일도 있습니다.

그리고 더 중요한 것은 가진 돈은 풍족할지언정, 하루하루 불안하고 행복하지 않은 사람도 많다는 사실입니다. 이게 현실입니다.

그런 만큼 지금 소유한 물질적 재물로 동반자의 운을 판단하지 않도록 합니다. 지금까지 여러 번 이야기한 운이 좋아지게 하는 기본적인 방법, 즉 '이 생각과 행동이 맞는가?'라는 관점에서 생각합시다. 그렇게 생각하면 해답은 자연스럽게 나옵니다.

운이 좋아지게 하는 동반자를 발견하는 방법은 간단합니다. 나에게 좋은 생각과 행동을 전하는 사람인지 아닌지를 확인하면 됩니다. 구체적으로 어떤 방법이 있을까요?

자신의 고민을 털어놓고 상대에게 조언을 구해봅니다. 답이 핵심을 찌른다면, 그 상대는 운이 좋아지게 하는 동반자가 될 수 있다고 생각합니다.

"나중에 아이를 키우면서 계속 직장 생활을 할 수 있을까? 아이를 내 손으로 온전히 키우고 싶지만 내 커리어를 놓치고 싶지도 않아. 나는 지금 하는 일이 좋거든. 정말 고민이야."

많은 여성들이 현실에서 부딪히는 고민입니다. 이런 진지한 얘기를 던졌을 때 상대가 어떤 반응을 보이나요?

"벌써부터 그런 골치 아픈 생각을 왜 해? 나중에 어떻게 되겠지. 그건 그렇고 말이야…."

"무슨 소리야? 애 키우려면 당연히 일은 그만둬야지. 남들도 다 그렇게 살아. 우리가 별다를 줄 알아?"

상대의 답이 이와 같다면 정말 실망하지 않을 수 없습니다. 진지한 고민에 진지하게 응해주지 않는 것이지요. 진심으로 관심을 두지 않는다는 뜻입니다. 저토록 무성의하고 자기중심적으로 생각하는 사람과 함께하는데 내 일이 잘 풀릴 수 있을까요? 그럴 가능성은 낮습니다.

일과 육아 문제는 어렵습니다. 당연히 정답이 없습니다. 필요한 건 상대의 진심 어린 공감과 관심입니다.

"그렇지. 정말 중요한 문제야. 어떻게 하는 게 좋을지 나도 고민해볼게."

대단한 솔로몬의 지혜를 바라는 게 아닙니다. 이런 성의 있는 대답과 열린 자세를 원하는 것입니다.

"너무 걱정하지 마. 나도 회사에서 육아휴직을 받을 수 있을 거야. 미리 알아볼게. 그리고 신혼집을 구할 때 주변에 괜찮은 어린이집이 있는 곳인지 확인해서…."

또한 이처럼 현실에 근거한 조언을 해줄 수 있느냐 없느냐로 판단하면 됩니다. 성의 없는 대답을 하거나 감정적으로 대응한다면 조심해야 합니다.

이와 같은 상대의 생각과 행동은 나의 미래에 엄청난 영향을 미치지만, 사람들은 이 사실을 잘 인지하지 못합니다. 미래가 달라질 수 있는데도요. 그저 '사람이 왜 저럴까?'라며 서운

함 정도로 넘겨선 안 됩니다. 그냥 지인이 아니라 평생을 함께
할 가능성이 높은 동반자이기 때문입니다.

동반자의 운은 곧 나의 운입니다.

잊지 마세요. 동반자의 자세에 따라 나의 운이 어떻게 열릴
지 모를 일입니다.

동반자의 행동 유형은 상대에게 영향을 주기 마련입니다.
따라서 상대가 운이 좋아지게 하는 생각과 행동을 하고 있다
면 자신에게도 좋은 영향이 미칩니다. 반대로 운이 나빠지는
생각과 행동을 하고 있다면 같이 구렁텅이에 빠질 수밖에 없
겠지요.

예를 들어 상대가 스트레스가 쌓였을 때 술이나 도박으로
도망쳐버린다고 합시다. 스트레스가 있을 때 다른 것에 의존
해서 도망치는 것은 답이 아닙니다. 무언가에 의존하고 자신

의 문제와 마주하는 것을 회피해버리기 때문에 상황은 점점 나빠지기만 합니다. 만약 그런 동반자가 곁에 있다면 당연히 당신의 운도 나빠질 것입니다.

함께해서 즐겁다면
그걸로 충분합니다

좋은 운은 좋은 사람과 함께 온다고 말씀드렸습니다. 그러니 어떤 친구를 사귀어야 할까 더욱 고민이 되겠지요.

좋은 친구가 무엇인지를 정의하기는 어렵습니다. 하지만 지금 이 글을 읽고 자연스럽게 '이 친구다!'라고 떠올릴 수 있는 사람, 생각하는 것만으로도 미소가 떠오르는 지인이 있다면, 그가 진정한 친구일 가능성이 높습니다.

친구는 배우자와 다르게 다수인 만큼, 친하게 지내는 방식이나 상대에게 요구하는 것도 폭이 넓습니다.

여기서 '폭이 넓다'라는 점이 굉장히 중요합니다. '진정한 친구는 이래야 하고, 진정한 친구는 그래서는 안 돼'라는 식으로 강요하면 오히려 원하는 사람을 찾기 어렵습니다.

"함께 있어도 별로 즐겁지는 않지만 만나면 이득이 있어서 친하게 지내려고 하고 있어요."

실제로 이렇게 목적지향적으로 친구를 사귀려는 사람들도 있습니다. 하지만 이런 생각은 접어두세요. 이는 애초에 친구 사이가 아닙니다. 친구라는 존재는 함께 있을 때 즐겁고 행복해야 합니다.

'~하니까 친하게 지낸다'라는 것은 상대를 소중하게 여기지 않는 태도입니다. 그런 사이라면 상대 역시 당신을 소중하게 여기지 않을 것입니다.

시간이란 한정되어 있습니다. 소중한 시간을 소중하지 않은 사람과 함께 보내는 게 과연 내 인생과 행복에 도움이 될까요?

함께해서 즐거운 친구라면 그것만으로도 나에게 좋은 운을 불러올 것입니다. 한 번 더 얘기하지만 두루 친구를 사귐에 있어 이득이 되느냐 안 되느냐는 중요하게 생각할 포인트가 아닙니다.

그리고 또 한 가지 기억해야 할 것이 있습니다. '진정한 친구가 필요하다'라는 생각에 집착하지 마세요. 진정한 친구를 많이 얻을 수는 없습니다. 진정한 친구라는 개념에 얽매이면 오히려 친구를 제대로 사귀기가 어렵습니다.

결국 우리가 원하는 것
: 행복을 제대로 만끽하는 법

운이 좋아지기를 바라는 마음도, 일이 술술 잘 풀렸으면 하는 바람도 결국은 행복을 위해서겠지요. 그래서 마지막으로 행복에 대해 얘기해보려 합니다.

행복을 키우는 방법에는 무엇이 있을까요. 먼저 이런 관념적인 문제는 구체화하는 것에서부터 시작해야 합니다. 그렇다면 '행복이란 무엇인가'부터 시작해야 하지만 자칫 행복론을 펼치게 되면 주제가 너무 심오해질 수 있습니다. 지금까지 실천적인 방법을 중심으로 이야기했으니 이번에도 역시 행복에 대해 좀 더 단순하게 이야기해보겠습니다. 제 나름대로 행복에 대해 정의를 내려보겠습니다.

행복이란
'만족스러운 일상을 보내고 있는 상태'라고
생각합니다.

그런데 만족스러워하는 지점은 사람에 따라 다릅니다. 그래서 자신이 만족스러워하는 것의 우선순위를 매기는 게 먼저입니다.

모든 것이 만족스러울 필요는 없습니다. 가장 소중한 것이 만족스러우면 어느 정도 잘되지 않는 것이 있어도 행복하다고 느낄 수 있습니다. 어떠한 점에 만족하면 스스로 행복해지는지를 글로 써봅니다.

예를 들어 저의 우선순위는 이렇습니다. 첫 번째는 '소중한 사람이 제 곁에 있는가'입니다. 두 번째는 '건강'입니다. 세 번째는 '사람들이 읽고 싶어하는 글을 쓸 수 있는가, 직업이 안정되어 있는가'입니다.

여러분은 무엇이 충족되어야 행복을 느끼나요? 저처럼 1순위, 2순위, 3순위를 한번 정리해보세요. 무엇이 만족스러우면 좋은지 글로 써보면 행복해질 수 있는 방법이 또렷이 보입니다.

자신에게 소중한 것을 얻기 위해 행동합니다.
소중한 것을 이미 갖고 있다면
이를 소중하게 여깁니다.
아직 갖고 있지 않다면 소중한 것을 갖기 위한
목표를 세우고 행동합니다.

자신에게 소중한 것을 얻기 위해 행동하는 것, 소중한 것을 이미 갖고 있다면 그것을 소중하게 여기는 것, 이 두 가지가 있으면 행복을 느낄 수 있습니다. 당신은 어떻습니까?

내 행복을 위해 충족됐으면 하는 것을 순서대로 써봅시다.

- 예) 매일 산과 나무를 볼 수 있는 환경에서 일하는 것
-
-
-
-
-
-

스페셜 1

매일매일 기운이 솟아나게 하는
해피 액션 9

좋은 운을 부르기 위해서는

'생각과 행동'이 중요함을 거듭 얘기했습니다.

여기에서는 그런 생각과 행동이 가능하도록

매일매일 실천할 만한 쉽고 재미있는 해피 액션을 준비했습니다.

하루에 하나씩 바꿔보기

운이 좋아지는 방법에 대해 여러 번 이야기했습니다. 자연스럽게 적절한 생각과 행동을 할 수 있을 때는 괜찮지만, 그렇지 않을 때는 어떻게 해야 할까요?

왜 적절한 생각을 할 수 없을까요? 그 이유부터 생각해봅시다. 왜곡된 생각이 상당히 쌓이고 쌓였기 때문입니다. 이를 갑자기 바꾸는 것은 어렵습니다. 평소에 조금씩 바꾸는 습관을 들이는 게 좋습니다. 이러한 이유로 제가 추천하는 방법은 다음과 같습니다.

하루에 하나씩 무언가를 바꿔봅니다.

막막하다고요? 뭔지 잘 모르겠다고요? 간단합니다.

하루에 하나씩 필요 없는 물건을 버리는 건 어떨까요? 평소와 다른 길로 가보는 것도 좋습니다. 늘 마음에 두고 있던 가게에 들어가 물건을 구경해보는 것도 좋고요. 30분 빨리 잠을 청해볼 수도 있습니다. 퇴근 후 늘 분주했다면 오늘은 다른 일은 하지 말고 무조건 쉬는 것도 좋습니다.

지금의 자신에 대해 곰곰이 생각해보고,

좀 더 좋아질 수 있다고 마음을 바꿔먹기 시작합니다.

그리고 필요 없는 일은 그만둡니다.

하루에 한 가지 행복 찾기

다른 제안도 해보겠습니다.

'하루에 한 가지 행복 찾기'입니다.

우리는 화려하고 거대한 행복만을 꿈꾸느라 매일을 채우는 행복에 대해서는 당연하다고 생각하는 경향이 있습니다. 하지만 바쁘게 사느라 놓치고 있었던 일상의 행복이 생각보다 많다는 것을 깨닫게 되면 깜짝 놀라게 될 겁니다. 행복하다는 사실을 발견하기 위해 하루에 하나씩, '이게 바로 행복이다'

싶은 것을 찾아보기를 바랍니다.

 '감사 일기'에 대해 들어본 적이 있나요? 감사 일기는 매일 밤 자기 전에 그날 감사했던 일을 구체적으로 적는 것인데요. 감사 일기를 3개월 이상 적으면 단순히 위안을 받는 정도가 아니라 실제로 큰 변화를 경험한다고 합니다. 부정적인 사고의 흐름이 바뀌는 것이지요. 사고의 패턴이 달라진다는 얘기입니다.

 하루에 한 가지 행복 찾기를 그와 같은 연장선상에서 생각해봅시다. 구체적으로 하루에 하나씩 적어보는 겁니다.

- 면접 본 가게에서 아르바이트 합격 통보를 받았다. 시급이 생각보다 높다. 행복하다.
- 토익 시험 점수가 지난번보다 크게 올랐다. 기쁘다.
- 회사에서 신규 프로젝트 프레젠테이션을 성공적으로 끝냈다.

이와 같이 대단한 게 아니어도 됩니다. 아주아주 사소한 것도 좋습니다.

- 동네에 새로 생긴 카페에서 마신 카페라테가 너무 맛있었다.
- 하늘이 맑아서 기분이 좋다.
- 좋아하는 음료수를 1+1으로 사서 득템한 기분이다.

작은 기쁨을 의식하는 순간, 더 큰 기쁨이 됩니다. 이렇게 하루에 한 가지 행복 찾기를 반복하면 머리가 유연해지는 것은 물론, 삶에서 더욱 다양한 것을 발견해낼 수 있습니다.

타인에게 의식적으로 잘해주기

불안감을 쌓아두고 있거나, 불안감을 알아차리지 못한 상태로 오랜 시간 지속되면, 자신도 모르는 사이에 컨디션 저하로 이어집니다. 더구나 일이 커지면 뭐가 문제인지 정확히 알지도 못하고 어디부터 손을 써야 할지도 모르게 됩니다.

그렇게 되지 않기 위해, 불안하다고 느껴질 때는 그 자리에서 바로 불안감을 줄일 수 있는 방법을 시도해야 합니다. 어떤 일이든 문제가 작을 때 대응하는 것이 좋습니다.

가장 쉽고 간단한 방법은 무엇일까요? 불안할 때는 타인에게 다정하게 대해보는 것을 제안합니다.

무슨 말이냐고요? 마음이 불안한데 다른 사람에게 다정하게 대할 수 있을까요? 어렵습니다. 하지만 조건반사적으로 '불안할 때는 타인에게 다정하게 대해준다'라고 생각하고 실천해보세요.

여기에서 다정하게 대한다는 건 마음을 쓰는 것보다는 몸을 쓴다는 개념이 맞을지도 모릅니다. 불안할 때 몸을 쓰는 여유 정도는 '의식적으로' 만들어낼 수 있습니다. 이를테면 이런 겁니다.

좁은 골목이나 인산인해를 이룬 대로에서 낯선 사람과 마주치면 한쪽으로 길을 양보합니다. 사무실 바닥에 떨어진 휴지가 보이면 줍습니다. 복사기에 종이가 비어 있으면 먼저 채워둡니다. 무거운 빌딩 문을 나설 때 뒷사람을 위해 문을 잡아줍니다.

이런 것들입니다. 자신의 정신적 에너지가 많이 투입되지 않는, 그러면서도 다른 사람을 위한 양보와 배려가 담긴 행위, 딱 그 정도입니다.

심란할 때 이런 의식적인 행동들을 반복하면 마음속에 자그마한 여유가 생깁니다. 그런 여유가 생기는 이유는 어쩌면 자신의 불안한 내부가 아닌 외부의 선의로 시선이 향하기 때문인지도 모릅니다.

한번 해보세요. 신기하게도 정말 마음이 차분해지는 효과가 있습니다. 좋은 일을 하면 마음에 여유가 생깁니다.

자신에게 상 주기

흔히들 말하지요.

"오늘 힘들었으니까 나에게 선물을 줄 거야."

"그동안 너무 수고했으니까 이 정도는 내가 상으로 받아도 돼."

자기 자신에게 상을 주는 것은 실제로 스트레스 해소에 굉장히 효과적입니다.

작은 상, 커다란 상, 부지런할 때 주는 상, 정신을 차리고 싶을 때 주는 상, 최대한 많은 유형의 상을 준비하는 편이 좋습니다. 똑같은 상을 여러 번 반복하다 보면 그다지 상이라는 느낌이 들지 않기 때문입니다.

스스로를 칭찬하는 데에 인색하거나 자기 자신에게 상을 주는 것이 익숙하지 않은 사람이라면, 이것도 연습이 필요합니다.

먼저 평소에 자신이 무엇을 좋아하는지를 찾아놓으세요. 안타깝게도 자신이 무엇을 할 때 즐거운지, 어떤 얘기를 들었을 때 기쁜지, 무엇을 갖고 싶어하는지, 그런 것조차도 깨닫지 못하고 무감하게 지내는 사람들이 많습니다.

저는 주로 하기 싫은 일을 끝냈을 때 특별히 좋은 카페에 가서 가장 맛있는 음료를 마십니다. 잠깐 여유를 가지면서 머리도 비우고 평소에는 마시지 않는 달콤한 음료를 마시면서 스스로에게 상을 주는 것이지요. 그리고 이 책을 다 쓴 뒤에는 저 자신을 위해 꼭 가지고 싶었던 좋은 코트를 한 벌 구입할 계획입니다. 그러면 그 옷을 입을 때마다 이 책을 완성하면서 느낀 뿌듯함을 두고두고 기억할 수 있겠죠?

스스로에게 상을 주고 칭찬해주려면 자신이 무엇을 좋아하는지를 알아둬야 합니다. 자신에게 상을 주어 스트레스를 줄인다면 기분도 좋아지고 생각에도 여유가 생깁니다.

휴일에는 머리 쓰지 않기

마음이 건강해진다는 관점에서 보면 휴일에 '푹 쉬기'는 매우 중요합니다. 휴일이라고 여기저기 놀러 다니거나 일정을 빡빡하게 세워두면 전혀 쉬지 못하게 됩니다.

휴일의 정의를 분명히 하세요.
휴일은 '머리를 쓰지 않는 날'입니다.

물론 휴일에 바쁘게 놀러 다녀도 되지만, 몸과 마음을 회복

시키는 휴식 시간도 충분히 만들어두는 것이 중요합니다.

긴 연휴 기간이라면 어떻게 하는 게 좋을까요? 일을 다시 시작하기 전날은 가능하면 일정을 잡지 않습니다. 외출을 했다면 너무 늦지 않게 돌아와 컨디션을 망치지 않도록 합니다.

잘 자기

여섯 번째 해피 액션은 '잘 자기'입니다. 잘 자기라니, 너무 쉬운 거 아니냐고요? 그렇지 않습니다. 요즘 숙면에 대한 관심이 얼마나 높은지 아시나요? 그만큼 과도한 스트레스, 카페인 과다 섭취, 무너진 생체리듬 등의 이유로 숙면을 취하지 못해 괴로워하는 사람들이 많습니다. 수면은 우리 삶의 질과 대단히 밀접하게 직결되기 때문입니다.

당연한 말이지만 충분히 자는 것이 중요합니다. 여기서 '충분히'의 기준은 자신입니다. 자신에게 충분한 수면이면 됩니다.

사람에 따라 필요한 수면 시간은 다릅니다. 짧은 시간이라도 숙면을 취하면 문제가 없을 때도 있습니다. 충분한 수면을 취했다고 볼 수 있는 기준은 '하루 종일 졸리지 않고, 활기차게 움직일 수 있는가?'입니다.

그렇다고 해서 너무 예민하게 반응하는 것도 좋지 않습니다. '빨리 자야 하는데'라든가 '숙면을 제대로 취할 수 있을까'라고 과도하게 의식하면 오히려 수면의 질이 악화되기도 합니다.

평소 일상생활을 할 때 작은 스트레스를 부지런히 피해가는 삶의 방식이 좋습니다.

외면을 깔끔하게 가꾸기

누구나 자기만의 스타일이 있습니다. 요즘 같은 시대에는 더욱 더 각자의 개별성을 존중해야 합니다. 하지만 '깔끔함'은 단순히 스타일의 문제가 아닙니다. '외관보다 마음이 중요해' 같은 차원도 아닙니다. 깔끔함은 상대를 위한 배려이자 스스로의 이미지를 결정하는 중요한 요소입니다. 잘 유지하면 유지할수록 플러스 요인이 되므로 언제나 자신을 가꾸어야겠지요.

두 명의 인턴이 있습니다. 신규 채용 자리는 하나입니다. 이때 두 사람의 나이, 능력, 학교 등 모든 것이 비슷하고, 인사 평가 점수도 똑같다면 어떨까요?

그렇다면 문서를 깔끔하게 정리하고 책상이 늘 정돈되어 있으며 옷매무새도 단정한 사람에게 아무래도 더 좋은 인상을 갖게 됩니다. 주위 사람들의 호감도가 높은 쪽이 좋은 기회를 얻을 가능성이 큰 것은 당연합니다. 다시 말해 겉모습을 잘 가꾸는 게 운을 상승시키는 데에 어느 정도 좋은 영향을 미친다고 할 수 있지요.

또한 패션은 T(Time), P(Place), O(Occasion)가 중요합니다. 비싸고 화려한 옷을 입는 게 아니라 깨끗하고 단정한 옷을 시간, 장소, 상황에 맞게 입는 것은 기본 중에 기본이지요. 완전히 사적인 장소에서는 평소 자신이 좋아하는 스타일로 있어도 아무 상관이 없습니다. 하지만 중요한 모임이나 비즈니스 자리에서는 장소나 참석하는 사람들이 어떠한지를 고려해 의

상을 선택하는 것이 좋습니다.

아무리 패션 감각이 멋지다 하더라도 T.P.O.를 고려하지 않으면 좋은 인상을 남기지 못할 수도 있습니다. 중요한 기회를 잘 잡을 수 있도록 외면에도 신경을 써주세요.

운동하기

매일매일 운이 풀리는 해피 액션을 이야기하는데 '운동하기'가 빠질 수 없겠지요. 운동의 중요성은 몇 번을 강조해도 모자라지 않습니다. 다만 너무 갑자기, 너무 과하게 하지 않도록 주의할 필요는 있습니다.

운동을 했을 때 몸과 마음에 어떠한 긍정적 효과가 있는지에 대해서는 따로 얘기할 필요가 없겠지요. 그래서 여기에서는 미처 생각하지 못한 부수적인 효과에 대해 말해보겠습니다.

먼저 운동 습관이 있다는 것은 생활 패턴이 건강하다는 뜻입니다. 수면이나 식사 등 생활 전반이 규칙적이라는 뜻입니다. 당연히 활력이 돋을 수밖에 없겠지요.

더불어 다른 사람들까지 눈치챌 정도로 건강한 분위기가 뿜어져 나오게 됩니다. 건강한 분위기는 호감도를 올릴뿐더러 주위 사람들이 모여들 가능성을 높여줍니다. 그러니 주저하지 말고 좋아하는 운동을 시작해보길 바랍니다.

문화 활동하기

요즘은 주로 틱톡이나 유튜브 쇼츠처럼 아주 짧은 동영상을 많이 보지요. 그렇다 보니 잠깐 쉬어볼까 하고 소파에 누워 짧은 동영상들을 들여다보다가 하루를 보내기 쉽습니다. 나중에 돌이켜보면 아무것도 남는 것이 없이 허무함만 느끼게 됩니다.

모처럼 여가 시간이 났다면 시간을 낭비하지 말고, 재미와 의미를 담고 있는 드라마나 영화를 보면 어떨까요? 기왕이면 밖으로 나가 영화관, 미술관, 콘서트장 같은 곳에 가서 더 적극적으로 문화 활동을 하는 것도 좋겠지요. 음악, 영화 같은 예술은 다양한 효과가 있습니다.

첫째, 우리를 즐겁게 해줍니다. 또한 좋은 예술은 우리에게 생각할 거리를 던져줍니다. 생각의 흐름을 바꿔주고, 때로는 어떤 결정을 내릴 때 영향을 미치기도 하지요.

둘째, 밖으로 나가 활기차게 활동하게 합니다. 매일 나가야 한다는 이야기가 아닙니다. 가끔은 미술관에 가서 그림을 보고 바람을 쐬는 겁니다. 그러면 기분이 환기되고 새로운 에너지가 생깁니다.

셋째, 인적 네트워크가 확대됩니다. 음악이나 영화 등 예술 장르를 좋아하는 사람끼리 교류할 기회가 생깁니다. 사람과 사람이 교류한다는 것은 인연으로 맺어지기 마련이고요.

지금까지 일상에서 할 수 있는 해피 액션 아홉 가지를 알려 드렸습니다. 아홉 가지라고 하면 어쩐지 무언가 부족하다는 느낌이 들지 않나요? 열 가지를 채울 수 있도록 마지막 한 가지 해피 액션은 꼭 자기 스스로 생각해보기를 바랍니다.

자신을 행복하게 만드는 행동에는
어떤 것이 있을까요?

상담자들로부터
가장 많이 받은 질문 9

"인생이 꽉 막힌 것처럼 답답해요!"라는 분들의

고민을 풀어드리겠습니다.

어떤 고민이든 괜찮습니다.

걱정을 덜어내고 운을 상승시킬 수 있는 방법이 있을지

한번 살펴볼까요?

"매일 심심하게 지냅니다. 재미있는 일이 하나도 없습니다.

제 인생에도 기회라는 것이 올까요?"

하루하루 일상이 똑같나요? 재미있는 일이 없어서 지루한 가요? 왜 그럴까요? 그건 그런 결과가 나올 수밖에 없는 생각 을 하거나 행동을 하기 때문입니다.

매일 똑같이 심심하게 지내지 않기 위해서 필요한 것은 무 엇일까요? 자신이 하고 싶은 일이나 다른 사람과 교류하는 것 을 떠올리며 목표를 세우거나 그에 맞게 활동하면 됩니다.

예를 들어보겠습니다. '소설가가 되고 싶다'라고 생각한다면 매일 글을 쓰고 문학상에 응모해야 합니다. 그러기 위해 도서관에 다니기 시작할지도 모릅니다. 여러 가지 조사를 하고 취재를 시작할지도 모르죠. 소설을 쓰기 위해 학교에 가거나 동호회에 가입할 수도 있습니다. 구슬을 끼우듯 줄줄이 다양한 이야기가 생기고, 글 쓰는 일과 관련된 스케줄이 생길 것입니다. 이렇게 계속하다 보면 하루하루 알차게 보낼 수 있습니다.

'살을 빼고 싶다'라는 생각에 피트니스 센터에 등록했다고 합시다. 다양한 수업을 받으면서 친구가 생길 수도 있습니다. 요가와 에어로빅 등 새로운 취미로 이어질지도 모르죠. 틀림없이 날마다 달라질 것입니다.

수동적인 자세로 기다려봤자 기회는 찾아오지 않습니다.

무엇인가 행동해야 기회도 찾아오는 법입니다.

"다른 사람과 의사소통하는 것이 어려웠는데

다행히 혼자 하는 업무를 담당하고 있어요.

하지만 동료와 친해지기 위해 계속 노력해야 할까요?"

지금이 편하다면 지금의 환경에서 익숙해지면 되지 않을까요? 기본적으로 타인과 의사소통을 많이 해야 하는 사람과 그렇지 않은 사람이 있습니다. 자신이 기분 좋을 정도로 친분을 나누면 된다고 생각합니다.

원래 사람이 받아들이는 정보량에는 한계가 있기 때문에 많은 사람과 친하게 지내면 당연히 피곤해집니다. 게다가 계속 좋은 친구로 곁에 있어주는 사람은 기껏해야 하나둘 정도

이고 많아도 몇 명 정도일 것입니다.

　그러므로 억지로 많은 사람과 의사소통해야 한다고 생각하지 않아도 괜찮습니다. 그런 교류가 가능한 사람도 있는데, 그것은 일종의 재능입니다.

> 무리해서 나에게 어려운 것을
> 시도하지 않아도 됩니다.

고민 3

"이직하는 곳마다 이상한 회사라서
그만두고 싶어집니다. 이직운이 좋아지는 방법은 없나요?"

이직에 운이라는 요소가 있기는 하지만, 그게 다는 아닙니다. 보통 자신의 상황에서 볼 때 '좋은 직장'을 찾아서 이직을 하게 되지요. 기업에서는 '좋은 인재'를 원해서 이직을 수용합니다.

설사 이직에 성공했다고 하더라도 자신과 기업의 상황이 맞지 않으면, 결과적으로 좋지 않은 이직이 될 수도 있습니다. 그 이유는 무엇일까요? 이직을 한 직원은 이렇게 생각합니다.

'나는 이런 느낌으로 일할 계획이었다.' 기업은 이렇게 생각하지요. '인재를 채용해 이렇게 일하게 하고 싶었다.' 이 사이에서 서로 이해관계가 어긋날 수 있습니다.

그러므로 이직을 할 때 기업에서 어떤 인재를 원하는가, 그 기대에 자신이 부응할 수 있는가에 대해 충분히 정보를 수집해서 검토한 후 결정하는 것이 중요합니다. 이런 점을 깊이 생각하지 않고 '저 회사로 옮기고 싶다!' 혹은 '지금 있는 이 회사에서는 단 하루도 못 버티겠다'라는 마음만 우선해서는 안 됩니다. 중요한 것을 놓친 셈이기 때문입니다.

최악의 경우 '전에 있던 곳이 훨씬 좋았어'라고 생각할 수도 있습니다. 이직을 할 때는 아무래도 '새로운 직장은 멋진 곳, 지금 있는 직장은 최악'이라는 생각에 빠지기 쉽습니다. 그러니 이직을 결심하기 전에 조금은 냉정하게 판단하는 것도 필요합니다.

고민 4

"가장 중요한 타이밍에 긴장하거나 불안해지는 유형입니다.

그래서 아무것도 잘될 것 같지 않습니다."

중요한 순간에 긴장하거나 불안해지는 사람이 많습니다. 대부분 겪는 일이다 보니 당연하다고 생각하기도 하지요. 물론입니다. 누구라도 그렇습니다. 긴장하거나 불안해진다고 일이 잘되지 않는 것은 아닙니다. 중요한 점은 이것입니다.

'아무리 긴장된 상황이라도 언젠가 끝이 난다'라고 이해하는 것입니다.

그다음으로, 최고로 중요한 순간을 줄이는 것도 효과적인 방법입니다. 아주 중요한 기회를 잔뜩 만들어서 중요한 순간을 한두 개로 집중시키지 않는 것입니다. 예를 들어 구직 활동을 할 때 면접이 중요한데, 면접을 많이 보면 볼수록 '최고로 중요한 순간'의 중요도는 떨어지게 됩니다. 요컨대 수를 늘려서 익숙해지는 것입니다.

사회불안장애(social phobia)라는 정신질환이 있습니다. 불안장애의 일종으로 사람들 앞에 나서면 심하게 몸이 떨리거나 어지럼증, 과호흡 등이 발생합니다.

사람들 앞에 나설 기회를 극단적으로 피한다거나 사람들 앞에 나설 생각만으로 하루 종일 불안하고 우울한 기분이 이어진다면, 사회불안장애를 앓고 있을 가능성이 있습니다.

사회불안장애는 약물요법이나 상담 등으로 치료할 수도 있습니다. 증상이 심하다면 정신과 진료를 받아보는 것이 좋을지도 모르겠습니다.

고민 5

"계속 아무것도 하고 싶지 않아요. 운이 나빠지려는 전조일까요?"

운이 나빠지거나 좋아지려는 징조 같은 건
없다고 생각합니다.
하지만 '감정의 파도'라는 것은 있습니다.

물론 환경에 따라 감정은 바뀌기 마련입니다. 하지만 이와
별개로 무엇이든지 하고 싶어지는 '텐션이 높은 시기'와 아무
것도 하고 싶은 마음이 안 들고 부정적인 기분에 사로잡히는
'텐션이 낮은 시기'가 있습니다.

누구에게나 감정의 파도가 있습니다. 하지만 감정의 파도가 지나치게 크게 몰아쳐서 일상생활에 영향이 나타나면 '조울증'이라는 정신질환에 걸릴 가능성도 있습니다. 조울증은 '양극성장애'라는 이름으로도 불리는데, 두 가지는 거의 같은 성질이라 볼 수 있습니다.

일상생활에 영향을 주지 않는다면, 의욕이 없는 시기에는 아무것도 하지 말고 뒹굴뒹굴 지내는 것을 추천합니다. 때때로 '이래서는 안 된다'라며 기운을 내기 위해 일부러 이것저것 하려고 하는 경우가 있습니다. 하지만 그러면 의욕이 없는 시기를 더욱 심각하게 만들고, 장기화시킬 수도 있으니 그렇게 하지 않는 것이 좋습니다.

사람은 쓸 수 있는 에너지가 한정되어 있습니다.

에너지는 한정되어 있기 때문에 쓴 만큼 줄어듭니다. 그러므로 사실은 텐션이 높은 시기나 의욕이 넘쳐나는 시기에도 지나치게 활동적이면 안 되는 것입니다. 감정의 파도가 거센 사람은 이런 식으로 행동합니다.

활기가 넘칠 때 지나치게 많이 움직인다.

↓

반작용으로 의욕이 사라진다.

↓

활기가 다시 생겼을 때 이때다 싶어 더욱 활발하게 움직인다.

↓

반작용으로 심하게 우울해진다.

이런 흐름으로 스스로 감정의 파도를 거세게 만드는 경향이 있는 것이죠. 이런 유형에 해당한다면, 다음과 같은 방법을 시도해보기를 바랍니다.

활기가 넘칠 때 하고 싶은 일의 80퍼센트 정도만 한다.

↓

의욕이 없는 시기가 짧아지고

감정의 파도가 몰아치는 정도도 가벼워진다.

"SNS에서 인플루언서가 되고 싶습니다.

'좋아요'를 많이 받고 싶어요. 관종으로 보일 수도 있겠지만,

되도록 모든 사람에게 인정받고 사랑받고 싶어요."

'관심받고 싶다'에 대해 생각해볼까요. 최근에는 '관종'이라는 말도 등장하면서, 관심받고자 하는 욕망을 두고 마음이 아픈 상태라고 이야기하는 경우도 있습니다.

하지만 무엇보다 당신이 행복해지기 어려운 바람을 가진 상태라는 점을 깨달아야 합니다. 자신을 충실하게 하는 관점이 외부에 있기 때문입니다. 언제나 주위를 의식하게 됩니다. 이런 생각은 남이 아닌 '나를 위해 즐긴다'라는 발상으로 바꾸

는 편이 좋습니다. 그러니까 SNS에서 관심을 받으려 애쓰지 말고 SNS 자체를 즐기는 쪽으로 관점을 바꾸는 것입니다.

SNS 특성상 어느 정도 이상으로 관심을 받고 싶어질지도 모르겠습니다만, 도저히 선을 지키기 어렵다고 판단된다면 차라리 SNS를 하지 않는 편이 나을 수도 있습니다.

"저만 불행하고 인생이 답답하다는
생각에 사로잡혀 있어요."

지금까지 여러 번 이야기했듯이 '생각과 행동'이라는 관점에서 볼 때 '나만 불행하다'는 것은 애초에 적절한 생각이 아닙니다.

원래 '누구에게든 좋은 일도 생기고 나쁜 일도 생기기 마련이다'라고 생각해봅시다. 그러면 자신에게 일어나는 좋은 일을 제대로 바라볼 수 있을 것입니다. 제 SNS에 이런 내용을 올린 적이 있습니다.

행복이란, 무엇이 있는지 정확히 꼽아보지 않으면 사라져버리는 것입니다.

생각을 바꾸면 좀 더 다양한 것에 도전하거나 무언가를 바꿔보도록 노력하게 되지 않을까요?

잘되지 않을 때도 있지만 일정한 확률로 잘 진행될 때도 있습니다. 그런데 아무것도 하지 않으면 절대로 일이 잘될 리가 없습니다.

일이 잘될 때 제대로 상황을 이해하면 '나는 무엇을 해도 불행해'라는 생각은 더 이상 하지 않게 됩니다.

"남편이 집안일이나 육아를 도와주지 않습니다. 저만 손해를 보는 것 같아요. 저는 남편 운이 없어요."

이것도 '생각과 행동'이란 측면에서 해결할 수 있습니다. 먼저 이 고민에서 적절하지 않은 부분이 있습니다. '운이 없다'라는 생각이 그렇습니다.

누구와 있어도 문제가 발생하거나, 뭘 해도 잘 안되는 사람이 있을 겁니다. 그런 사람은 '내 주변에는 제대로 된 사람이 없어. 운이 없어'라고 생각해버립니다. 크게 잘못 생각하고 있습니다.

세상에는 좋은 사람도 있지만 나쁜 사람도 있습니다. 하지만 좋고 나쁨은 그 사람의 본질이 아닙니다. 상대와 어떤 '관계'를 맺고 있는가가 문제입니다.

> 같은 사람이라도
> 누군가에게는 좋은 사람이고,
> 누군가에게는 끔찍한 사람인 경우가 있습니다.

어떤 관계를 맺고 있느냐에 따라 그 사람이 좋은 사람인지, 나쁜 사람인지가 결정될 수 있다는 뜻이지요.

혹시 당신과 가까이 지내는 사람이 자주 트러블을 일으키나요? 그래서 주위 사람들로부터 평판이 좋지 않나요? 다음 두 가지 경우를 살펴봐야 합니다.

첫째, 당신이 가까이하는 사람을 선택하는 방식.
둘째, 당신이 자기 자신을 대하는 방식.

먼저 가까이하는 사람을 선택하는 방식을 살펴보겠습니다. 당신이 특별하게 여기는 사람이 주위 사람들과 끝없이 문제를 일으키고 있음에도 여전히 그 사람을 두둔하고 가까이 지내고 있나요? 혹시 이런 생각을 하는 건 아닌가요?

'내 친구는 나쁜 사람이 아니야. 그 주변이 다 나쁜 거지.'

'내 친구가 나한테만은 그럴 리가 없어.'

여기저기에서 문제를 일으키는 사람이 자신에게는 잘할 거라 생각할지도 모르지요. 나에게만은 예외적으로 문제를 일으키지 않을 거라 생각하는 것입니다. 정말 그럴까요?

시간 문제입니다. 아직 당신과의 사이에서 문제가 일어나지 않았을 뿐, 언젠가 비슷한 일이 일어날 거예요. 트러블메이커가 자신에게만 특별히 잘해줄 거란 착각은 그만두세요. 평소에 꾸준히 문제를 일으키는 사람은 멀리하는 것이 좋습니다. 이것만 기억해도 상당히 좋은 인간관계를 쌓아갈 수 있습니다.

두 번째로 얘기할 것은 당신이 '자기 자신'을 대하는 방식입니다. 지금부터 말하는 것이 가장 중요합니다. 예를 들어 상대에게 불만이 있다고 해도 말하지 않으면 '불만이 없다'라고 해석될 수 있습니다. 상대가 제멋대로라고 생각하면서도 다 받아주면, 상대는 그런 상황을 당연하게 생각합니다. 상대가 해야 하는 일을 당신이 해주면, 상대는 그게 당신의 일이라고 생각하게 됩니다.

앞에서 말한 두 가지 관점에서 고민을 해결해보겠습니다.

먼저 가까이하는 사람을 선택하는 방식입니다. 이제 와서 남편을 다시 선택하기란 쉽지 않을 겁니다. 그러니 이 고민은 자기 자신을 대하는 방식이라는 관점에서 생각하는 것이 가장 좋겠습니다.

남편의 경우 '집안일이나 육아는 아내가 하는 일이다'라고 학습되어 있는 상태입니다. 그러니 지금부터라도 자기 자신을 대하는 방식을 바꿔가도록 합니다.

예를 들어 앞으로는 집안일과 육아를 서로 분담한다는 약속을 받아냅니다. 이야기가 잘 통하지 않을 때는 부부로서 잘 지내기 어려울 것 같다고 확실하게 화를 내는 수밖에 없습니다. 규칙을 정하고, 규칙을 지키지 못하는 경우에는 불이익을 받도록 합의합니다. '운이 없다'라고 생각하는 것으로 끝나버리면 상황은 달라지지 않는다는 걸 기억하세요.

고민 9

"항상 형편없는 사람만 좋아하게 돼요.

연애운이 좋은 사람은 어떤 사람인가요?

어떻게 하면 그렇게 될 수 있을까요?"

지금까지의 흐름대로 탁 터놓고 이야기하겠습니다.

"연애운이 좋은 사람은 어떤 사람인가요?"

이런 질문 자체가 잘못됐습니다.

연애운은 당신 스스로 정해야 합니다!

마음속에서 어떤 연애를 하고 싶은지 확실히 정해두지 않

았기 때문에 연애가 잘되지 않는 것입니다. 좋은 연애에 대한

정의는 각자가 다르기 때문에 그것부터 생각해서 자신의 기준을 만들어야 합니다.

좋은 연애의 기준이 똑같을 필요는 없습니다. 매번 좋은 연애의 기준이 달라도 괜찮습니다.

"항상 첫눈에 반하는 것을 중요하게 여겼는데, 이번에 다정해 보이는 사람에게 고백을 받으면서 이 온화한 관계를 중요하게 여기고 싶다고 생각하게 됐어."

이렇게 연애의 기준은 얼마든지 달라질 수 있습니다.

하지만 한 가지는 분명히 알고 있어야 합니다. '지금의 연애에서 무엇을 소중하게 여기는가' 하는 것입니다.

예를 들어 위와 같이 이 사람의 다정함이 좋다고 생각해서 사귀기 시작했는데 '아무래도 설레지가 않아'라고 느끼기 시작하면 연애가 잘될 리가 없습니다. 연애가 잘 풀리려면 자신의 연애에 대해, 상대방에게 성실해야 합니다.

연애에 성실하다는 말은 또 다른 의미도 가집니다. 만약 자신이 이해할 수 없는 방향으로 연애가 진행되기 시작할 경우, 이를 제대로 수정하려는 의지이자 자세를 뜻하기도 합니다. 이것은 곧 연애의 '지속'을 위해 노력하겠다는 뜻입니다.

예를 들어 상대가 어느 순간부터 무리한 요구를 할 수 있습니다.

약속 장소를 자기 편한 곳으로만 잡는다든지, 데이트 비용을 과하게 떠넘긴다든지 하는 식이지요. 이럴 때는 적극적으로 수정을 요구하세요. 이것이 연애를 지속하기 위한 노력입니다.

"연애가 귀찮습니다. 그래도 연애하는 것이 더 행복할까요?"

이런 고민 상담을 하는 사람도 있는데요. 이것도 같은 식으로 생각하면 됩니다.

연애하는 것이 행복한가요, 행복하지 않은가요?

스스로 결론을 내려야 합니다.
그것이 행복해지는 비결입니다.

물론 결론이 나오지 않을 때도 있습니다. 그렇지만 '다들 연애하고 있어서 그냥 연애하기로 했다'라는 식으로는 행복해질 수 없다고 생각합니다.

실연 뒤에 앞으로 나아갈 수 없다면 억지로 나아가지 않아도 됩니다. 연애를 할 마음이 들 때까지 기다리는 것이 중요합니다.

정신과 의사가 전하는
열두 달
행운의 만트라

매달, 매 계절이 올 때마다 지치고 힘든 위기의 순간이 옵니다.

그럴 때 더 좋은 운을 부를 수 있도록

생각을 긍정적으로 바꾸고 행동하게 만드는

행운의 만트라를 준비했습니다.

이 주문들을 중얼거리는 동안 분명 좋은 운이 들어올 겁니다.

1월의 만트라

활기찬 새해의 시작.
다시 마음을 가다듬자.

오늘부터 새로운 운,
더 좋은 운이 들어올 거야.

매일 똑같은 하루가 반복되는 인생에서 새로운 시작을 열수 있는 시기가 있다는 것은 꽤 좋은 계기라고 생각합니다. 어제와 다를 바 없는 날이라고 하더라도 마음을 가다듬고 신선한 숨을 불어넣을 수 있으니까요.

솔직히 1년 계획을 설날 하루 동안만 세우는 것은 부족합니다. 1년이 지나는 사이 다양한 변수가 생기므로, 그에 맞게 다시 섬세한 계획을 세우는 편이 좋습니다. 제 경우에는 앞서 소개한 미래노트를 종종 씁니다.

중요한 점은 1년 계획은 설날이 아닌 날에도 세울 수 있다는 것입니다. 아니 오히려, '내가 원한다면 언제든지 새로 시작할 수 있다'라고 생각할수록 인생을 더 활기차집니다.

2월의 만트라

나가서 걷자.
신선한 공기를 마시자.
공을 던지고 힘껏 뛰는 동안
몸 안의 나쁜 기운이 사라진다.

스스로 나를 돌볼 때
더 좋은 운이 찾아온다.

2월은 봄을 기다리는 달입니다. 겨울이기도 하지만 또한 봄의 설렘이 있는 달이지요. 흔히 환절기라고 얘기하는데 2월에는 정말 많은 감기 환자가 발생합니다. 체력이 떨어질 수밖에 없지요.

한창 1년 미래노트를 새로 쓰고 이를 실행하기 위해 두근두근거리는 시기에 몸이 아프다면 제대로 실행될 리가 없겠지요. 한 해의 시작점에 있는 만큼 특별히 더 체력 관리에 신경을 써서 힘차게 새해를 준비하길 바랍니다.

건강을 챙기는 것만큼 운이 좋아지는 방법은 없습니다. 체력은 국력이라는 말을 변형해서 이렇게 말하고 싶습니다.

체력은 운이다!

몸이 아파본 사람이라면 이 말에 너무나 공감할 겁니다. 아프면 공부도 연애도 회사 일도 그 무엇도 제대로 풀릴 수가 없습니다. 스스로 나쁜 운을 부르는 셈이지요.

2월에는 특별히 새해의 체력 관리 계획을 잘 세워서, 꼭 운이 술술 풀리는 한 해를 만들기를 바랍니다.

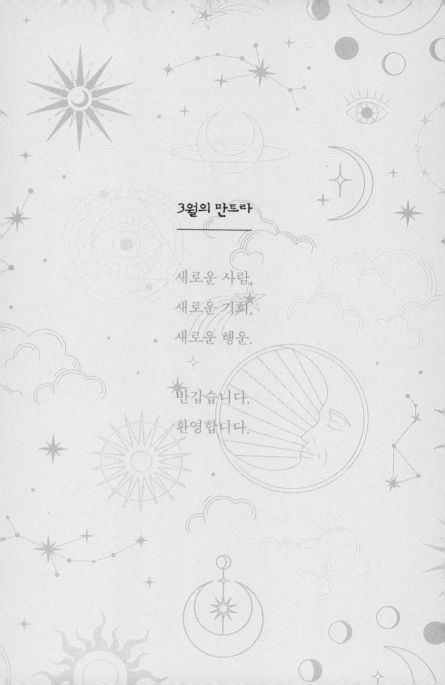

3월의 만트라

새로운 사람,
새로운 기회,
새로운 행운.

반갑습니다.
환영합니다.

3월은 새 학기를 시작하는 계절입니다. 봄을 맞으면서 새롭게 시작한다는 의미를 부여하기도 하지요. 지금까지와는 전혀 다른 환경이나 인간관계를 맞이하는 계절이기도 합니다.

낯선 환경에 들어서면서 주변 사람들에도 변화가 있을 수 있습니다. 새로운 친구나 동료들과 발맞춰야 하는 상황이 생기기도 하지요. 이전의 친구, 동료와 헤어질 수도 있습니다.

하지만 영영 만나지 못하는 것은 아닙니다. 특별히 만나고 싶은 사람이 있으면 연락해서 만나면 됩니다. 지나치게 서운해하거나 쓸쓸해하지 말고 씩씩하게 지내도록 신경을 쓰는 것이 중요합니다.

쓸쓸함이 마음에 가득 차버린 것 같을 때는 몸을 움직여보세요. 행동을 바꾸면 기분도 달라집니다. 산책이나 쇼핑, 운동을 합니다. 적절하게 행동을 바꾸어 부정적인 감정에 휩쓸리지 않도록 합니다.

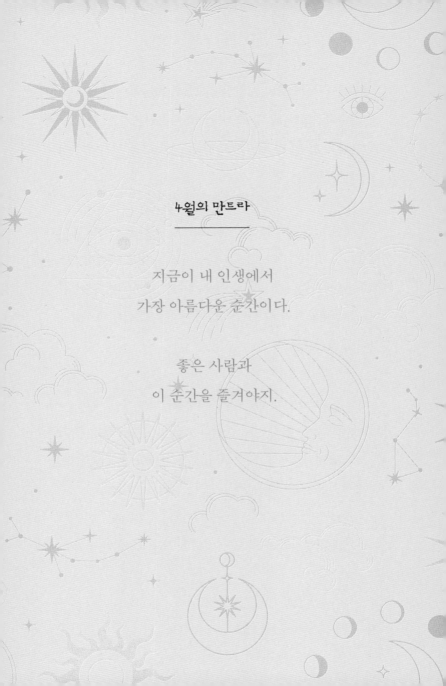

4월의 만트라

지금이 내 인생에서
가장 아름다운 순간이다.

좋은 사람과
이 순간을 즐겨야지.

4월은 역시 벚꽃의 계절입니다. 3월부터 하나둘 돋아난 연둣빛 이파리들은 또 얼마나 여리고 아름다운가요. 나도 모르게 창밖을 한 번 더 내다보게 되고, 왠지 모를 설렘이 찾아오는 시기입니다.

하지만 바쁜 하루를 보내다 보면 이 아름다운 때를 놓치기 쉽습니다. '이번 주말에는 꼭 나들이를 가야지' 마음먹었다가도 너무 피곤하다는 핑계로 집에서 쉬다 보면 금세 꽃이 집니다. 같이 꽃을 보러 갈 사람이 없다는 이유로 괜히 외로워지는 사람도 있지요.

이렇게 아름다운 순간을 함부로 흘려보내지 마세요. 아무리 바빠도 잠시 발걸음을 멈추고 뽀얀 꽃잎과 보드라운 초록 잎들을 들여다보세요. 좋은 사람에게 전화를 걸어 꽃을 보니 네 생각이 났다고 말해보세요.

행운이 별건가요. 아름다운 것들을 보고, 소중한 사람들과 함께하는 것이 행운이지요. '좋은 때'라는 것이 따로 있지 않습니다. 지금 이 순간이 바로 가장 좋은 때임을 잊지 마세요.

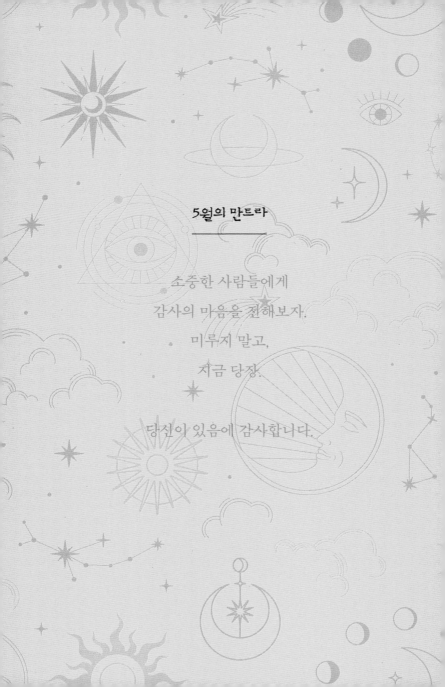

5월의 만트라

───────

소중한 사람들에게
감사의 마음을 전해보자.
미루지 말고,
지금 당장.

당신이 있음에 감사합니다.

5월은 연휴도 행사도 많은 달입니다. 어린이날, 어버이날, 스승의 날 등 이런저런 행사가 며칠 단위로 계속 이어집니다. 어떤 선물을 해야 할까, 어디에서 식사를 하는 게 좋을까 고민하다 보면 가끔은 의무감에 지쳐버리기도 하지요.

하지만 잊지 마세요. 이 모든 날들은 주변의 소중한 사람들에게 감사한 마음을 표현하기 위해 시작되었다는 점을요. 좋은 운을 가져다준 사람들에게 마음을 전하는 것이 먼저입니다.

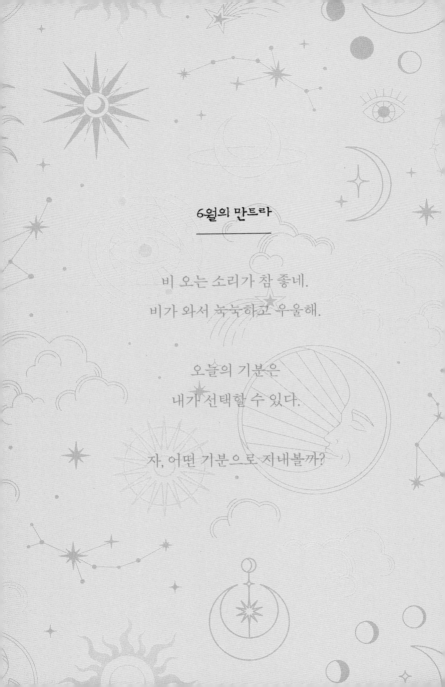

6월의 만트라

비 오는 소리가 참 좋네.
비가 와서 눅눅하고 우울해.

오늘의 기분은
내가 선택할 수 있다.

자, 어떤 기분으로 지내볼까?

장마가 시작되는 시기입니다. 비가 계속 내리면 대부분 우울한 기분에 사로잡힙니다. 하지만 이는 '우울하고 답답하다', '짜증스럽다', '눅눅하다'라는 나쁜 이미지를 비에 과도하게 부여했기 때문에 생기는 문제입니다.

세상에는 비를 좋아하는 사람도 많습니다. 비를 좋아하는 사람에게 물어보면 '주룩주룩 비가 내리는 느낌이 좋다', '창밖으로 비가 내리는 모습을 보고 있으면 마음이 차분해진다', '빗소리가 기분 좋게 들린다' 등 긍정적인 이미지를 이야기해 줍니다.

사실 저는 비를 좋아하지 않습니다. 하지만 비를 좋아하는 사람들의 의견을 들으니 이해도 갔습니다. 그렇습니다. 마음속에 '싫다'라는 이미지를 갖고 있으면, 사람은 한 발자국도 앞으로 나아갈 수 없게 됩니다.

무겁게 내려앉은 먹구름 역시 따가운 햇살로부터 우리를 포근하게 지켜주는 장막이라고 생각할 수 있습니다. 눅눅한 공기가 아니라 건조한 공기에 습도를 맞춰주는 존재, 바로 은혜로운 비입니다.

단순히 비 얘기를 하는 게 아님을 알겠지요. 습하고 더운 날씨도 누군가에게는 행복입니다. 힘든 환경을 다른 관점으로 보는 시도를 해보라는 얘기입니다.

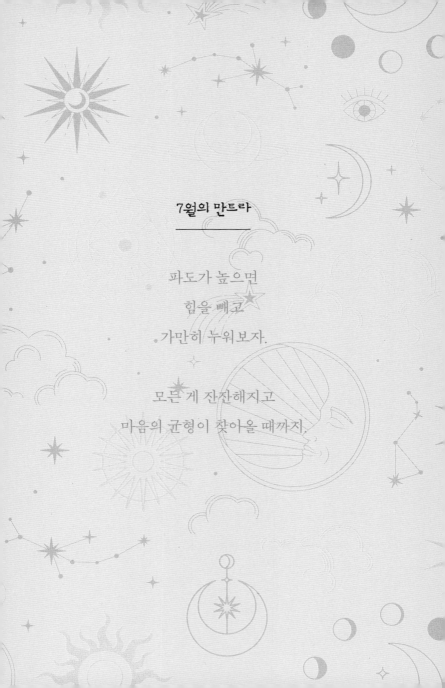

7월의 만트라

파도가 높으면
힘을 빼고
가만히 누워보자.

모든 게 잔잔해지고
마음의 균형이 찾아올 때까지.

여름이 되면 갑자기 텐션이 높아지는 사람이 있습니다. 지루한 장마에 대한 반작용이기도 하지요. 그러니 '이제 여름이다!'라는 마음이 이해가 가지 않는 것도 아닙니다. 하지만 텐션이 높아지기 쉬운 사람은 반대로 텐션이 낮아지기도 쉽습니다. 즉 감정 기복이 심한 사람입니다.

감정 기복이 심하면 의욕이 있는 시기와 의욕이 없는 시기의 차이도 엄청나게 크기 때문에 '운의 파도가 거칠게 몰아친다'라고 느낄 수 있습니다.

하지만 이런 감정 기복은 어느 정도 제어할 수 있습니다. 기본적으로 사람의 에너지는 한정되어 있습니다. 따라서 텐션이 높은 시기라고 해도 이것저것 지나치게 활동을 많이 하면 에너지가 다 소진되고, 그 반작용으로 텐션이 크게 떨어집니다.

감정의 파도가 거칠어지면 텐션이 떨어지는 시기가 오래가고, 깊은 만큼 상당히 피곤해집니다. 감정 기복이 극심한 상태에서는 에너지 손실도 많아지기 때문에 원래의 힘을 제대로 발휘하기가 어렵습니다.

예를 들어 파도가 높으면 바다에서 헤엄치기가 어렵습니다. 그것과 비슷한 원리입니다. 그래서 감정의 기복은 최대한 작고 잔잔하도록 조절하는 게 좋습니다.

감정 기복을 조절하는 구체적인 방법은 다음과 같습니다.

텐션이 높은 시기에는 지나치게 많이 활동하지 않는다, 이것이 전부입니다. 텐션이 높으면 텐션이 낮았던 시기의 반작용도 있고 '자, 한번 해보자!'라는 의욕이 앞서기 쉽습니다. 그 결과 이것저것 모든 일에 다 손을 대버리고 말지요. 에너지를 다 써버리면 텐션이 뚝 떨어지게 됩니다. 텐션이 높을 때는 지나치게 여러 가지 일을 많이 하고, 하는 일이 늘어난 만큼 쓸데없이 괴롭고 힘들어지게 됩니다.

텐션이 높은 시기에도 너무 많은 일을 하지 않는 편이 좋습니다. 되도록 하고 싶은 일의 80퍼센트 정도만 합니다. 이 정도 균형이 딱 좋습니다.

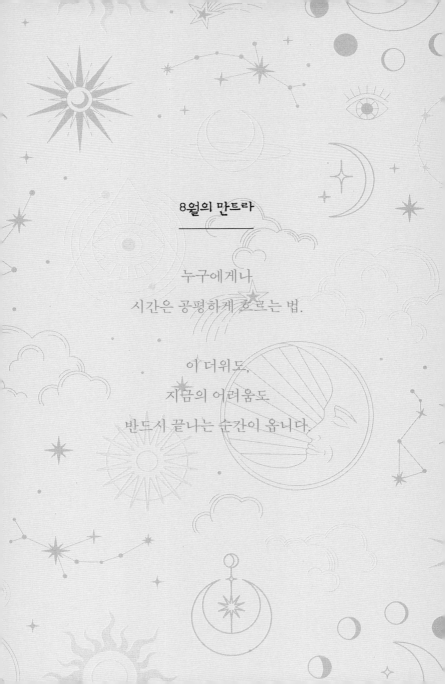

8월의 만트라

누구에게나
시간은 공평하게 흐르는 법.

이 더위도,
지금의 어려움도
반드시 끝나는 순간이 옵니다.

8월에 접어들면 더위가 기승을 부리고 몸은 녹초가 되기 쉽습니다. 도대체 이 더위는 언제 끝이 나나 지긋지긋하다는 생각이 들기도 하지요. '이제 곧 여름이 끝나간다'라고 생각하니 더위가 더 힘겹게 느껴질 수 있습니다.

그런데 참 신기합니다. 8월 마지막 주가 되면 마치 누군가 기온을 맞춰두기라도 한 것처럼 아침저녁으로 제법 선선한 바람이 불어옵니다. 물론 한낮에는 햇빛이 뜨겁지만 그늘 없는 거리로 나가기 두려울 정도였던 8월 초를 생각하면 견딜 만해집니다. 이제 정말 여름이 끝나간다는 생각에 조금 아쉽기도 합니다. 달고 시원한 수박과 복숭아 먹기, 차가운 바닷물에 발 담그기 같은 여름만의 특별한 즐거움도 함께 끝이 보이니까요.

저는 이런 계절의 변화를 인식한 뒤로 8월의 더위도 조금 느긋하게 즐길 수 있게 되었습니다. 시간이 흐르면 곧 누그러질 테고, 심지어 겨울의 어느 날에는 이 더위가 그리워지기도

할 테니까요.

역시 모든 것은 생각을 어떻게 바꾸느냐에 달려 있습니다.

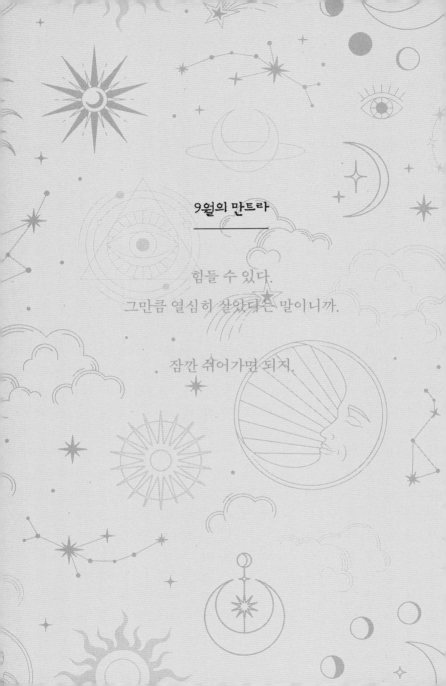

9월의 만트라

힘들 수 있다.
그만큼 열심히 살았다는 말이니까.

잠깐 쉬어가면 되지.

정신과 의사를 하면서 깨달은 것이 하나 있습니다. 모든 사람에게 정신적으로 무너지기 쉬운 시기가 각각 존재한다는 것입니다. 대부분의 사람들은 계절이 바뀌는 시기인 환절기 때 정신적으로 무너지기 쉽습니다.

이른 봄이나 가을로 접어들 무렵에 특히 힘들어하는 사람이 많습니다. 9월이 되면 갑자기 해가 짧아지면서 정신적인 상태가 불안정한 사람이 늘어납니다.

정신과 진료를 받아야 할 정도로 심리 상태가 나빠지는 사람도 있지만 평범하게 일상생활을 하면서도 유난히 어떤 계절을 힘들어하는 사람도 많습니다. 하지만 그 사실을 의식하지 않으면 의외로 알아차리지 못하고 지나가기도 합니다.

어쩐지 무기력하다, 의욕이 생기지 않는다, 왠지 마음이 불안하다 등, 마음의 상태가 나빠지는 시기가 있지 않나요? 그때를 되돌아보고 '아아, 나는 그 시기에 힘들어하는구나'라고 기억해두면 정신적으로 무너지는 것을 어느 정도 예방할 수 있습니다.

이렇게 힘든 계절에는 지나치게 무리하지 않는 것이 좋습니다. 일정을 너무 빡빡하게 짜지 않도록 신경 쓰는 것도 도움이 됩니다.

10월의 만트라

돈이 많아서
잘나가는 사람이라서
행복한 게 아니다.

인생을 행복하게 하는 것은
사랑하는 사람과 함께 보낸
사소한 순간이다.

10월이라고 하면 저는 달 구경이 떠오릅니다. 달 구경과 관련된 소중한 추억이 하나 있습니다. 벌써 10년도 더 전의 일입니다.

당시 동반자가 갑자기 저에게 "개기월식을 함께 보러 가자"라고 제안했습니다. 사실 그는 원래 자연경관에 무심한 성격이라 예전에 제가 "반딧불이를 보러 가자", "꽃 구경을 하러 가자", "불꽃놀이를 보러 가자"라며 졸라도 그다지 반응을 보이지 않는 사람이었습니다. 그런 사람이 별안간 개기월식을 보러 가자고 청해서 깜짝 놀랐습니다. 왜 느닷없이 그런 말을 꺼냈을까 생각했지만, 어쨌든 함께 달을 보러 가기로 했습니다.

마침 고향집에 내려갔을 때라 저희 어머니를 포함해 셋이서 개기월식을 보았습니다. 점점 달이 어두워지고 개기월식이 완성되자 어렴풋이 붉은 기운이 맴돌며 빛이 났습니다. 신비로운 분위기였습니다.

달 감상이 모두 끝나고 집 안으로 들어갔는데 동반자가 눈물을 보였습니다.

"어, 왜 우는 거야?"

"그냥. 너무 예쁘더라. 나중에 달 구경을 할 기회가 있으면 또 보러 가자."

이런 대화를 나누었던 기억이 있습니다.

동반자는 그 후 2년 정도 흐른 뒤 세상을 떠났습니다. 함께 개기월식을 본 것은 그때가 처음이자 마지막이었습니다. 그무엇과도 바꿀 수 없는 소중한 추억이 되었는데, 그때 귀찮아하지 않고 함께 달 구경을 해서 정말 다행이라고 생각합니다.

언제나 떠오르는 것은 사소한 순간입니다. 대수롭지 않은 작은 행복의 순간은 몇 년이 지나도 기억에 남는 법입니다. '귀찮은데'라고 생각하지 말고 그런 기회가 온다면 놓치지 않기를 바랍니다.

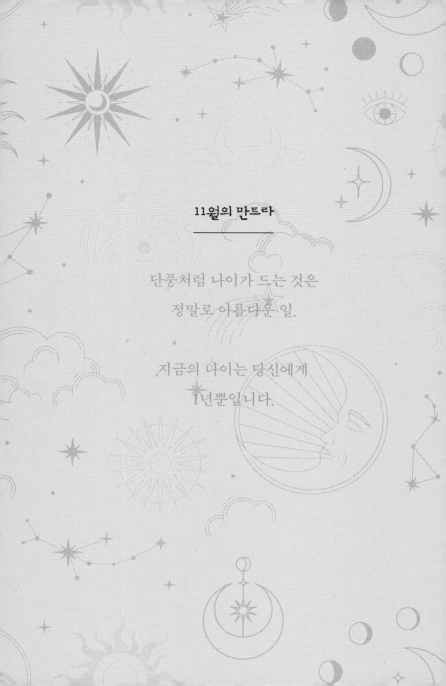

11월의 만트라

단풍처럼 나이가 드는 것은
정말로 아름다운 일.

지금의 나이는 당신에게
1년뿐입니다.

나이가 드는 것을 싫어하는 사람이 많습니다. 하지만 어떤 나이도 당신에게는 1년뿐입니다. 그 나이에만 할 수 있는 일, 그 나이이기 때문에 나오는 깊은 멋도 있습니다. 나이가 드는 것이 너무 싫다고 자꾸 생각하면 그런 아름다움은 눈에 보이지 않게 됩니다.

나이라는 것은 자꾸 늘어만 나기 때문에 점점 더 싫어지는 게 당연할 수 있습니다. 하지만 그렇게 생각하는 것은 어쩐지 아깝다는 마음이 들지 않나요?

바로 지금을 소중하게 여기며 살아갑시다.

그 나이는 오직 한 번뿐이라는 것을, 100년 인생에 오직 1년뿐임을 기억하길 바랍니다.

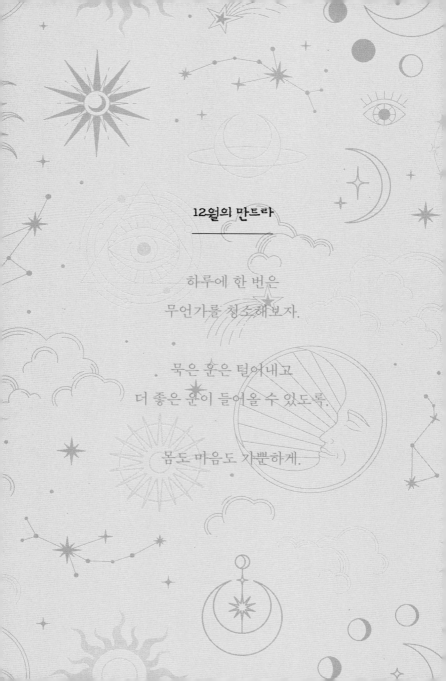

12월의 만트라

하루에 한 번은
무언가를 청소해보자.

묵은 운은 털어내고
더 좋은 운이 들어올 수 있도록.

몸도 마음도 가뿐하게.

12월에 대청소를 결심하는 사람들이 있습니다. 1년을 정리한다는 의미는 이해하지만 생각해보면 1년간 쌓아온 것을 한꺼번에 정리하고 청소하는 건 너무 힘들 것 같습니다. 힘들 것이 뻔히 예상되기 때문에 저 같은 경우 좀처럼 대청소를 할 엄두가 나지 않습니다.

자랑거리는 아니지만 사실 저는 대청소를 해본 적이 없습니다. 대신 날마다 조금씩 청소를 합니다. 무언가 거슬리는 것이 있으면 바로 청소하거나 버리는 편을 선택합니다. 하나하나 동작이 간단하기 때문에 전혀 힘들지 않습니다.

무언가를 쌓아두면 쌓아둘수록 처치 곤란이 되기 때문에 어느 정도 쌓이면 청소하는 게 좋습니다. 그런 사소한 의욕을 가지도록 하세요. 틈틈이 청소하지 않고 마냥 내버려두면 대청소를 할 때 엄청나게 큰 의지와 의욕이 필요합니다. 부정적인 악순환에 빠져버리는 것입니다.

여기서 말하는 청소는 집이나 직장을 깨끗하게 정리하는 것만 의미하지 않습니다. 어중간하게 관련되어 있거나 에너지를 갉아먹는 인간관계, 불필요하게 반복되는 작업도 포함됩니다. 그렇습니다. 가능하다면 하루에 한 번은 무언가를 청소하는 게 좋다고 생각합니다.

쓸데없는 것이 지나치게 많이 쌓여 있거나 주변이 어질러져 있으면 앞날이 어둡습니다. 그렇게 되면 정말로 하고 싶은 것을 하지 못하고 발목이 잡힐 수도 있습니다. 그래서는 운도 트이지 않겠지요. 평소에 꼼꼼하고 세심하게 청소를 합시다.

옮긴이 안소현

중앙대학교 일본어학과를 졸업한 뒤 일본어 전문 번역가로 활동하고 있습니다. 좋은 책을 아름다운 우리말로 바르게 번역하고 싶은 꿈이 있습니다. 옮긴 책으로 《검은 고양이 카페》, 《오늘은 고양이처럼 살아봅시다》, 《굿바이 마이 러브》, 《언젠가 함께 파리에 가자》, 《아카시아》, 《소세키 선생의 사건일지》, 《물방울》, 《샤라쿠 살인사건》, 《인간 실격》, 《조금 특이한 아이, 있습니다》, 《사랑한다는 것》 등이 있습니다.

좋은 운은 좋은 사람과 함께 온다

초판 1쇄 발행 2022년 12월 16일

지은이 정신과 의사 토미 **옮긴이** 안소현

펴낸이 이정아 **경영고문** 박시형
펴낸곳 서삼독

책임편집 오민정
마케팅 양근모, 권금숙, 양봉호, 이주형 **온라인마케팅** 신하은, 정문희, 현나래
해외기획 우정민, 배혜림 **디지털콘텐츠** 김명래, 최은정, 김혜정
경영지원 홍성택, 김현우, 강신우 **제작** 이진영

출판신고 2006년 9월 25일 제406-2006-000210호
주소 서울시 마포구 월드컵북로 396 누리꿈스퀘어 비즈니스타워 18층
전화 02-6712-9861 **팩스** 02-6712-9810 **이메일** info@smpk.kr

ⓒ 정신과 의사 토미(저작권자와 맺은 특약에 따라 검인을 생략합니다)
ISBN 979-11-6534-647-8 (03180)